한국형

유아 재난안전관리
정책모델 ——— 성미영 저

Korean Disaster Safety Management Policy Model
Focusing on Young Children

학지사

이 저서는 2017년 대한민국 교육부와 한국연구재단의 지원을 받아
수행된 연구임(NRF-2017S1A5A2A01025803)

🌧️ 머리말

　2019년 하반기 중국 우한 지역에서 시작된 코로나바이러스감염증-19 (COVID-19)가 우리나라를 비롯하여 미국, 유럽 등 전 세계로 급속히 전파됨에 따라 세계보건기구(WHO)에서는 감염병 최고 경고 등급인 팬데믹(pandemic)을 선포하였고, 2020년 6월 현재 우리나라뿐만 아니라 전 세계는 코로나바이러스감염증-19로 인해 초긴장 상태에 놓여 있다. 이처럼 전 세계적인 감염병 대유행으로 인해 어린이집, 유치원부터 대학에 이르기까지 모든 학교가 대면 수업을 중단하고 비대면 수업을 진행하고 있으며, 우리 사회는 '강력한 사회적 거리두기'를 시행하는 등 강도 높은 대응을 펼치고 있다.

　한편, 최근 몇 년 동안 지진, 태풍, 산불 등 대규모 복합재난의 발생 빈도가 급증하면서 재난안전에 대한 전 국민의 관심이 급증하였고, 대표적인 재난취약집단인 유아의 재난대응능력을 향상시키기 위한 다양한 노력이 이어지고 있다. 행정안전부에서는 국민안전교육포털과 국민재난안전포털 사이트를 운영하여 국가적 차원에서의 재난대응을 위해 노력하고 있으며, 다양한 민간단체를 통해 안전교육프로그램이 유아에게 직접적으로 제공되고 있다.

　이러한 상황에서 저자는 그동안 유아의 재난안전과 관련된 다양한 연구과제를 수행하면서 유아의 재난대응능력 향상을 위해 다각적인 노력을 기울여 왔다. 도시침수 대비 유아 안전교육프로그램 개발에서 출발하여 유아의 기후변화 대응능력 향상프로그램 개발, 맞춤형 유아 재난안전교육 매뉴얼 개발, 재난유형별 영유아교육기관 비상대피훈련 시나리오 및 매뉴얼 개발, 한국형 유아 재난안전관리 정책모델 구축, 텍스트 마이닝 기법을 활용한 유아 재난안전정보 분석 및 재난안전정책 수립 등 유아 재난안전관리 분야의 연구를 지속적으로 수행해 왔다. 이러한 연구의 결과물로 『재난유형별 영유아교육기관 비상대피훈련 매뉴얼』(학지사, 2019), 『아동안전관리』(2판, 공저, 학지사, 2018), 『맞춤형 유아 재난안전교육 매뉴얼』(학지사, 2017), 『아동 재난안전 관리』(공역, 북코리아, 2017) 등이 있으며, 이 책 『한국형 유아 재난안전관리 정책모델』은 『맞춤형 유아 재난안전교육 매뉴얼』과 『재난유형별 영유아교육기관 비상대피훈련 매뉴얼』에 이은 유아 재난안전 시리즈 세 권 중 마지막 세 번째에 해당한다.

2017년 대한민국 교육부와 한국연구재단의 지원을 받아 수행된 연구의 결과물인 이 책은 프롤로그로 시작하여 1장에서는 미국의 재난안전관리 제도 및 정책을, 2장에서는 일본의 재난안전관리 제도 및 정책을, 3장에서는 한국의 재난안전관리 제도 및 정책을 다루고, 4장에서 한국형 유아 재난안전관리 정책모델에 대해 살펴본 후 에필로그로 마무리한다. 미국과 일본의 재난안전관리 제도 및 정책의 세부내용은 역사적 변천, 조직 및 지휘체계, 재난관리체계, 유아 재난안전관리 제도 및 정책 현황, 교육프로그램 현황, 그리고 미국과 일본의 관련 제도 및 정책이 한국에 주는 시사점으로 구성되어 있다. 미국과 일본의 유아 재난안전관리 현황을 통해 국외 사례를 살펴본 후 한국의 유아 재난안전관리 현황을 파악하고, 이러한 국내외 현황에 근거하여 한국형 유아 재난안전관리 정책모델의 틀을 마련하였다.

이 책이 나오기까지 전폭적으로 지원해 주신 학지사 김진환 사장님과 박나리 선생님께 감사 인사를 전하며, 이 책이 대규모 복합재난이 빈번하게 발생하는 현대사회에서 재난취약집단인 유아의 재난대비역량 강화에 조금이나마 도움이 되기를 바란다.

2020년 6월 동덕여대 월곡 캠퍼스에서

🌩 차례

Chapter **1**

미국의 재난안전관리 제도 및 정책 13

Chapter **4**

한국형 유아 재난안전관리 정책모델   147

　한국뿐만 아니라 전 세계적으로 대규모 복합재난의 발생 빈도가 급증하고 있는 현실을 고려할 때, 대표적인 재난취약집단인 유아의 고유한 요구를 반영함과 동시에 여러 정부 부처에 흩어져 있는 유아 재난안전관리 제도 및 정책이 유기적으로 연계될 수 있도록 〔한국형 유아 재난안전관리 정책모델〕의 구축이 시급하다. 따라서 본 연구에서 제안한 〔한국형 유아 재난안전관리 정책모델〕은 국가 및 지방 재난안전 담당 공무원과 유아교육현장의 교직원이 재난에 취약한 유아를 위해 비상운영계획을 수립하고 운영하는 데 가이드라인을 제공해 준다는 점에서 연구결과의 사회적 기여도를 예측할 수 있다. 또한 기존에 개발된 다양한 유형의 유아 재난안전교육프로그램의 경우에도 〔한국형 유아 재난안전관리 정책모델〕을 통해 체계적인 방식으로 전국 유아교육현장에 제공될 수 있으므로 유아 재난안전교육프로그램의 보급 및 활용에도 도움을 줄 것이다.

　〔한국형 유아 재난안전관리 정책모델〕 구축은 재난안전관리 전문가 양성을 위한 재난안전관리 교육의 확대 실시에 추진력을 제공할 뿐만 아니라, 유아를 포함한 유아, 노인, 장애인 등 재난취약집단을 위한 맞춤형 재난안전관리 시스템 구축에도 기여함으로써 우리나라 재난안전관리 정책과 제도가 한 단계 성숙하는 계기가 될 것이다.

한국방재협회에서는 '방재분야 특수전문교육과정' '재해경감활동 전문인력 양성교육 실무과정' 등을 개설하여 재난안전관리 전문가를 양성하고 있는데, 본 연구의 결과가 재난취약집단별 재난안전관리 전문가 양성 및 국가자격제도 도입의 필요성에 대한 기초자료로 활용될 수 있을 것이다. 본 연구에서는 재난취약집단인 유아의 재난발생 시 대응능력 및 적응유연성을 향상시키기 위한 유기적인 정책모델을 구축함으로써 중앙정부, 지방자치단체, 민간단체, 유아교육현장 간 동반자 관계 형성을 촉진시키는 발판 마련에 기여할 것이다.

유아는 대규모 재난의 여파로 인해 피해가 발생할 경우, 일반적으로 성인에 비해 더 심각한 고통을 경험한다. 그럼에도 재난안전관리 분야에서는 오랜 기간 동안 재난안전관리 계획에 유아의 이러한 특수성을 반영하지 않았다. 미국에서는 2001년 9·11테러 발생 이후 이에 대한 경각심을 가지기 시작하였고, 2005년 허리케인 카트리나로 인해 엄청난 수의 재난피해 유아가 발생하면서 재난안전관리 계획에 유아를 우선적으로 고려하려는 실질적인 노력이 시작되었다. 우리나라에서는 2004년 소방방재청이 재난관리 전담기구로서 최초 태동하고, 2014년 국민안전처가 출범한 이후 국가와 국민의 안전을 확보하고 생명과 재산을 보호하는 것이 가장 중요한 정부정책 중 하나가 되었다.

최근 우리나라는 빠른 속도로 저출산 고령화 사회에 진입하면서 유아, 노인 등 재난취약집단을 위한 많은 법제도 및 정책적인 노력들이 이루어지고 있으나, 아직 국가 차원에서의 재난안전관리 관련 정책에 유아, 노인, 장애인 등 재난취약집단의 고유한 특성을 충분하고 효과적으로 반영하지 못하고 있는 실정이다. 재난에 대한 개념과 현황, 법과 제도 등에 관한 다양한 연구가 최근 우리나라에서도 활발하게 진행되고 있으나, 이러한 현황 분석

자료 중 유아를 대상으로, 유아를 중심으로 하여 재난발생 시 유아의 요구가 무엇이고 이러한 요구를 충족시키기 위해 어떻게 예방, 대비, 대응, 복구 단계를 진행해야 하는지에 대해 집중적으로 분석한 연구는 전무한 실정이다.

이러한 시점에서 우리나라 유아 관련 재난안전관리 제도 및 정책에 대해 체계적으로 분석하고, 이를 토대로 하여 〔한국형 유아 재난안전관리 정책모델〕을 구축하고자 하는 본 연구의 실행은 시의적절한 것으로 판단된다. 모든 재난안전관리 책임기관에서는 성인과 달리 유아가 고유하게 가지는 신체적·생리적, 발달적·사회적, 심리적 취약성 등의 특성을 이해하고, 이를 고려하여 유아를 위한 체계적이고 유기적인 재난안전관리 계획을 수립해야 함에도 불구하고, 실제적으로는 이러한 사항이 반영되지 못하고 있는 실정이다.

〔한국형 유아 재난안전관리 정책모델〕에서는 행정안전부, 국토교통부, 농림축산식품부, 교육부, 보건복지부, 여성가족부와 지방자치단체 등 재난안전관리 책임기관 업무담당자들이 재난안전관리 정책을 수립할 때, 유아를 최우선적으로 고려하기 위해 유아의 요구를 구체적이고 체계적으로 포함시키고자 하였다. 이러한 측면에서 본 연구의 주제는 기존의 연구들과 차별성 및 독창성을 갖는 창의적 주제라고 볼 수 있다. 따라서 본 연구에서는 국내외 유아 관련 재난안전관리 제도 및 정책의 현황을 구체적으로 비교·분석하고, 이러한 현황 분석 자료를 토대로 하여 유아의 재난대응능력 및 적응유연성 향상을 위한 중앙정부, 지방자치단체, 민간단체, 유아교육현장의 동반자 관계를 실현하고자 〔한국형 유아 재난안전관리 정책모델〕을 구축하였다.

Chapter 1

미국의 재난안전관리
제도 및 정책

미국 재난관리체계의 역사적 변천

　미국의 재난관리 시스템은 다음과 같이 변화되어 왔다(주상현, 2016). 먼저, 2000년 「재난경감법」이 제정되었고, 2002년 「국토안보부법」이 부문별로 제정되었으며, 2003년 국토안보부(DHS)가 창설되었다. 이러한 재난관리시스템은 9·11테러 이후 근본적으로 재정비되었다. 미국 재난관리시스템의 개편과정을 보다 구체적으로 살펴보면, 먼저 1980년대에는 자연재난 이외의 재난에 대한 연방기금 지출을 제한하기 위해 위기 유형을 크게 대형재난과 비상사고의 두 가지로 구분하였다. 대형재난(major disasters)은 자연적 재난에 해당하고, 비상사고(emergencies)는 대통령이 정하거나 연방정부의 원조를 필요로 하는 특별한 사건이나 사고를 말한다. 이에 따라 제정된 법률이 「스태포드법(Stafford Act)」이다. 미국의 경우 「스태포드법」을 통해 위기 발생 시 연방, 주, 지방 정부 간 비용부담의 범위를 구체화하였고, 재난피해 예산지원에 대한 통제방법을 확보하였다. 또한 법적 독립기구인 연방재난관리청(Federal Emergency Management Agency: FEMA)을 위기 대응의 주요 기관으로 지정하여 연방재난관리청이 대응과정에서 조정과 지원금의 전달주체 역할을 맡게 되었다.

[그림 1-1] 9 · 11테러를 보도하는 CNN 뉴스

이후 2000년대 초에는 연방재난관리청(FEMA)의 연방기금 감축에 대한 필요성이 제기되는 시점에 9 · 11테러가 발생하였다. 이로 인해 미국의 재난관리정책은 재난대응의 관점에서 시민보호의 관점으로 정책의제가 전환되었고, 위기 유형이 ① 기존 재난＋테러, ② 국가적 차원의 중대사건으로 변경되었다. 또한 이를 계기로 「국토안보법(Homeland Security Act)」이 제정되었고, 국가적 차원의 종합적 · 총괄적 위기관리조직인 국토안보부(DHS)가 설립되었다. 「국토안보법」이 제정됨에 따라 국토보호를 위한 최우선 과제가 정부기능의 단일 기관화로 변화하면서 재난대응 업무를 담당하는 연방재난관리청이 국토안보부 산하 소속기구로 변경되어 하위 부서화되었다.

2005년 허리케인 카트리나의 발생은 국토안보부 조직 이외에 국가 재난에 대한 전문성을 갖춘 조직의 필요성을 재확인하는 기회가 되어 위기 유형을 자연재난, 테러, 기타 인적재난으로 인한 혼란(catastrophic incidents)으로 정의하였다. 「포스트 카트리나법(Post-Katrina Emergency Management Reform Act)」을 제정함으로써 국가 재난관리시스템에 대한 정비를 시도하였고, 그 결과 국토안보부(DHS)와 연방재난관리청(FEMA)의 이원적 체제로 전환하였다. FEMA는 DHS의 산하이면서 재난관리의 독립적 권한을 지니는 기관으로 재난대응의 핵심역량 주체를 가진 조직이 되었다(최경식, 이주호, 배정환, 2016).

[그림 1-2] 허리케인 발생 후 통신 지원을 위한 연방재난관리청 차량

출처: https://en.wikipedia.org/wiki/Federal_Emergency_Management_Agency#/media/
File:Hurricane_Ike_Sabine_Pass_TX_FEMA_motorhome.jpg

미국의 시기별 재난관리정책 변화를 보다 구체적으로 살펴보면, 1930년 대까지 미국의 재난관리정책은 재난관리 전담조직 없이 주로 이재민 구호 및 복구를 지원하는 전국적인 자원봉사기관에 의해 필요시에만 진행되었다. 1936년 「홍수통제법(The Flood Control Act)」, 1950년 「재난구호법(The Disaster Relief Act)」이 제정되어 본격적으로 재난관리행정이 시작되었다(박동균, 2014).

　　1950년대에는 대형재난에 대한 대중의 관심이 적었으며, 사후 대처 중심의 재난관리방식이 유지되었다. 1960년대에는 핵전쟁에 대비하는 노력에 중점을 두면서 핵방공호를 건설하고 보급하는 데 많은 예산을 투입하였다. 미국정부는 1970년대 이후 재난대응에 본격적인 관심을 가지고 대응하기 시작하였고, 이 시기에 연방재난관리청이 설립되었다(강욱, 김학경, 2016).

　　1980년대에는 핵공격 등 테러에 대한 정부의 대비수준을 향상시키는 것에 중점을 두었기 때문에 허리케인 휴고(Hugo)와 앤드류(Andrew), 캘리포니아 지진 등 자연재난에 효과적으로 대응하지 못하였다. 1993년 재난대비 및 피해 경감을 목적으로 지역사회에 중심을 둔 프로젝트 임팩트(Project Impact)를 실시함과 더불어 모든 위험 접근법(All-Hazard Approach)을 재난관리의 중심원칙으로 설정하였다.

[그림 1-3] 1989년 발생한 허리케인 휴고의 예상 진로

출처: https://www.weather.gov/ilm/hurricanehugo

[그림 1-4] 2019년 7월 5일 캘리포니아주에서 발생한 규모 7.1 지진으로 파손된 도로

출처: https://news.joins.com/article/23517633

최근 들어 미국에서는 재난대응이나 복구 상황에서 빅데이터를 적극적으로 활용하고 있다(이동규, 2016). 대규모 재난의 초기단계에서는 일반적으로 시민의 대피와 공공의 안전을 가장 중요하게 여긴다. 이러한 측면에서 볼 때 정보전달체계는 피해상황을 보다 분명하게 파악하고, 결정을 내릴 수 있도록 시간적으로 제약을 받는 광범위한 통신을 지원할 수 있다. 이를 위해 빅데이터를 실시간으로 분석하여 재난대응방식을 다양한 방면으로 확장시킬 필요가 있다. 재난이 발생한 이후에는 복구활동을 개시하고 정보전달체계의 역할을 변경할 필요가 있다. 이 시점에서의 정보전달체계는 안전의 확보, 자원봉사자의 조직, 원조물자의 공급, 물품의 운송체계와 같은 복구활동을 위한 빅데이터의 분석과 다양한 정보의 공유를 지원해야 한다.

미국의 재난관리 조직 및 지휘체계

미국의 재난관리 조직 및 지휘체계는 중앙에 해당하는 연방정부와 주정부 및 지방정부로 구분된다.

1) 연방정부

미국 연방정부의 경우 연방정부 차원의 국가사고관리시스템(National Incident Management System: NIMS)을 갖추고 있으며, 연방재난관리청(FEMA)을 두고 있다.

(1) 연방정부: 국가사고관리시스템(NIMS)

국가사고관리시스템(NIMS)은 2004년 3월 국토안보부에서 개발한 사고관리에 대한 표준화된 접근방식이다. 이 시스템은 사고 지휘 시스템, 다기관 조정 시스템, 공공 정보 시스템의 세 가지 핵심 조직 시스템으로 구성되어 있다. 사고관리 지휘체계의 요소를 구체적으로 살펴보면, 피해경감 및 대비 관련 프로그램으로 국가 지진피해 경감프로그램, 국가 태풍 대비프로그램,

National Incident Management System (NIMS) Incident Command System (ICS) Forms Booklet

September 2010

FEMA

[그림 1-5] 국가사고관리시스템

침수위험지구 관리프로그램, 댐 안전 관리프로그램이 있으며, 위협과 위험
식별 및 위험 평가프로그램에서는 위험에 즉각적으로 대응할 준비가 되어
있는 연방기관을 다음과 같이 4단계로 구분하고 있다.

〈표 1-1〉 연방기관의 위험 대응 준비

구분	대응 내용
공통의 위험 평가	• 부처 간 거버넌스적 운영계획 수립
대응 및 복구	• 국가비상관리정보시스템(NEMIS)의 인적 지원, 인프라 지원, 예방 및 완화, 비상조정 및 비상지원 등의 업무 지원
연방정부 성과 검토	• 테러리즘 방지와 안전 제고, 연안 보호와 관리, 이민법의 관리와 강화, 사이버 공간의 보호와 안전, 국가적 대비와 유연성 강화
신속한 재난사고 안정화 관리 정도	• 72시간 이내에 혹은 합의된 시간에 이루어진 사고 관리 및 지원 조치의 비율 측정

출처: 주상현(2016).

[그림 1-6] 코로나19 상황을 국가비상사태로 선포한 트럼프 대통령

출처: https://thehill.com/opinion/healthcare/485900-how-will-fema-work-in-responding-to-the-coronavirus-outbreak (How will FEMA work in responding to the corona virus outbreak?)

(2) 연방재난관리청(FEMA)

미국 재난관리의 특징은 연방재난관리청(FEMA)과 국가사고관리시스템(NIMS)에 의한 위협 및 위험 관리의 통합화를 통해 국민을 보호하고 피해를 최소화시키는 데 주력한다는 점이다. 미국은 연방정부 차원에서 연방재난관리청을 설치하고 있으며, 연방재난관리청에서는 〈표 1-2〉와 같은 임무를 담당한다.

〈표 1-2〉 연방재난관리청의 임무

- 모든 종류의 위험에 대한 종합적인 위기관리 노력 주도
- 비연방기구와 연합하여 국가적 위기관리체계 구축
- 연방정부의 대응역량 발전
- 종합적인 위기관리 책임 통합
- 지역적인 우선순위를 다루기 위한 지역사무소 설치
- 특정 사건에 필요한 수요에 대응하도록 모든 종류의 위해에 대한 대비전략 발전 및 조정

출처: 이진수(2017).

이상의 임무에 근거하여 연방재난관리청에서는 재난에 대한 미국 연방정부 차원의 최상위 대비 · 대응 · 복구 · 완화 전략을 갖추기 위해 전략계획의 목표를 목표달성을 위한 핵심전략(〈표 1-3〉 참조)으로 제시하였다.

〈표 1-3〉 연방재난관리청의 재난관리 핵심전략

5대 핵심전략	내용
재난 생존자 핵심전략	● 다양한 프로그램과 서비스의 신속성, 효율성, 접근성 및 용이성을 극대화하여 재난 생존자를 최우선으로 생각하는 전략
재난대응 원정전략	● 신속하고 적절한 재난대응 원정체계를 구축하는 전략
대형재난대응력 구축전략	● 모든 시민과 지역사회단체의 대형재난 준비태세를 강화하여 대형재난대응력을 구축하는 전략
재난 취약성 완화 전략	● 사회 각계각층에 걸쳐 위험요인을 최소화하는 의사결정 체제를 마련하여 재난 취약성을 완화하는 전략
조직력 강화 전략	● 연방재난관리청의 인력 강화 전략

출처: 이수진, 조현지, 박정호, 김재호(2017).

2) 주정부 및 지방정부

주정부 및 지방정부의 경우 재난피해 경감 및 대비를 위해 지방정부 차원의 재난대응 및 복구 총괄을 조정한다. 미국 재난관리체계의 핵심은 대부분의 소규모 재난은 지방정부에서 자체적으로 처리한다는 점이다. 지방정부 차원에서 스스로 극복이 어려울 경우 주정부에 지원을 요청하고, 민간단체의 역할도 매우 중요하다. 미국의 경우 주정부, 지방정부, 민간 간 협력 관계를 견고하게 구축하고 있으며, 이들 간 협력을 통해 지역주민 대상의 다양한 재난대응 교육활동을 수행한다. 또한 주정부, 지방정부, 민간 간 구축된 정보를 지역주민에게 제공한다. 예컨대, 학교, 직장 등 여러 조직에서 지속적으로 재난 관련 정보를 제공하고, 재난에 대한 체계적인 대응을 준비하기 위해 노력하며, 담당 부서 연락처 등의 정보도 제공한다. 이처럼 지방정부 간 공동의 복구 노력을 통해 공동의 협업으로 신속히 복구하여 피해를 최소화하고 있다(주상현, 2016).

3) 연방정부와 지방정부의 역할 분담

미국의 경우 재난관리에 있어서 연방정부와 지방정부의 역할을 명확히 구분하고 유기적인 협조 체제를 유지하고 있다. 연방정부의 경우 연방재난관리청(FEMA)에서 모든 재난활동에 대한 종합적인 관리와 개입을 진행하고, 지방정부는 일차적인 대응 주체로서의 역할을 담당한다. 지방정부에서는 신속한 재난 알림서비스, 협업 및 체계적인 재난교육활동을 수행하여 재난과정에서 피해상황 및 복구과정에 대한 정보를 신속하고 적절하게 제공하며, 다양한 재난 및 안전에 대한 교육활동을 체계적으로 수행한다. 또한 연방정부와 지방정부의 역할 분담과 더불어 민간단체의 역할도 중요하게 작용한다.

3
미국의 재난관리체계

모든 위험 접근법, 「지진 위험 감소법」, 지진 조기경보 시스템, 「포스트 카트리나법」, 「스태포드법」, 「캘리포니아 위기관리법」을 통해 미국의 재난관리체계를 살펴볼 수 있다.

1) 모든 위험 접근법

미국의 모든 위험 접근법은 연방재난관리청(FEMA)이 제시한 재난관리 원칙 8개 중 '포괄적(comprehensive) 원칙'과 관련이 있다. 즉, 재난과 관련된 모든 위험(all hazards), 단계(phases), 영향(impacts)과 이해관계자 (stakeholder)를 고려하고, 발생 가능한 모든 위험을 고려하며, 이러한 위험을 각각 영향(impact)과 발생 가능성(likelihood)을 기준으로 철저하게 분석하여 효과적인 대응을 해야 한다는 것이 바로 '모든 위험 접근법'이다.

모든 위험 접근법의 핵심은 바로 위험 평가(Risk Assessment)이다. 모든 위험에 동일하게 대비하고 대응하는 것이 아니라 위험 평가를 통해 가능한 위험의 우선순위를 정하여 이에 따라 대응하는 것을 의미한다. 위험의 4단계는 매우 높은 수준의 위험(extreme risk)-높은 수준의 위험(high risk)-보통 수준의 위험(moderate risk)-낮은 수준의 위험(low risk)으로 구분된다(강욱, 김학경, 2016).

2) 「지진 위험 감소법」

연방정부 차원의 「지진 위험 감소법(Earthquake Hazards Reduction Act)」은 1977년 제정되었고, 총 14개 섹션으로 구성되어 있다. 지진 위험 감소 프로그램을 만들고 유지함으로써 향후 발생할 지진으로부터 생명과 재산에 대한 위험을 감소시키는 것이 「지진 위험 감소법」의 제정 목적이다. 「지진 위험 감소법」의 중요한 내용은 제4조 지진 위험 감소 프로그램, 제8조 지진 기준, 제11조 지진 발생 후의 조사, 제13조 국가적 지진 연구 및 감시 시스템, 제14조 지진 기술 시뮬레이션을 위한 네트워크이다. 1977년 「지진 위험 감소법」이 제정되면서 지진 위험 감소 프로그램(National Earthquake Hazards Reduction Program)이 시행되었다. 초기에는 주로 관측조사를 통해 지진 발생을 예측하는 것에 주안점을 두었으나, 1990년대 이후 예측보다는 지진 발생으로 인한 피해를 최소화하는 방향으로 정책이 전환되었다(이진수, 2017). 예를 들어, 미국의 50개 주 가운데 39개 주가 위험하거나 중간 정도의 지진 위험에 해당하고, 그중에서도 특히 13개 주의 지진 위험이 높다. 미국은 이미 지진으로 인해 인명 손실, 재산 피해, 경제적·사회적 혼란을 경험하였고, 앞으로도 그럴 가능성이 있으므로 지진 위험 감소 프로그램을 통해 이러한 피해를 감소시킬 수 있다. 또한 지진 위험 감소방안을 실행함으로써 다른 자연재난과 인적재난으로 인한 피해 역시 줄일 수 있고, 손실, 파괴 및 혼란의 감소는 개인과 민간 영역의 조직, 연방, 주, 지방 정부 조직구성원의 활동에 달려 있으므로 이러한 구성원들에게 지식과 정보의 전달이 보다 강화되어야 한다.

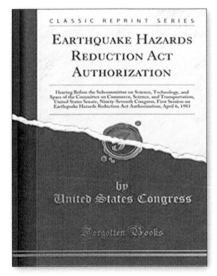
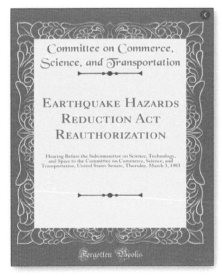

[그림 1-7] 「지진 위험 감소법」

3) 지진 조기경보 시스템

지진 관련 과학과 모니터링 시스템 기술을 활용하여 지진에 의한 파동이 발생한 경우 그 파동이 특정한 지점에 도착할 것으로 예상되는 상황에 대하여 경보를 발령하는 것을 지진 조기경보 시스템(Earthquake Early Warning System: EEW)이라고 한다. 이처럼 빠르게 지진경보를 발령할 경우, 지진으로부터 인명 및 재산을 보호할 기회를 제공할 수 있다는 점이 지진 조기경보 시스템의 의의이다.

캘리포니아주에서는 지진에 대한 조기경보 시스템 구축을 위해 '캘리포니아 통합 지진 네트워크(CISN)'를 설립하였는데, 캘리포니아 통합 지진 네트워크에는 캘리포니아주 재난관리국, 캘리포니아 주정부 지질조사국, 미국 연방 지질조사국, 캘리포니아 공과대학 소속의 지진학 연구소, 버클리 대학 소속의 지진학 연구소 등이 연합체로 참여하고 있다.

캘리포니아 통합 지진 네트워크(CISN)에서는 캘리포니아주 전역에 약 1,000개의 지진감지센터를 설치하고, 여기서 얻게 되는 실시간 정보를 활용하여 위기관리를 위한 실시간 정보를 제공하고 있다. 캘리포니아 통합 지진 네트워크는 지진대응의 주체 문제와 조직의 구성 문제 등에 있어 우리나라의 현행 법·제도에 대해 시사하는 바가 크다(이진수, 2017).

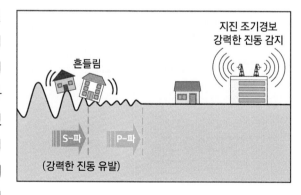

[그림 1-8] 지진 조기경보 시스템

출처: https://pnsn.org/pnsn-data-products/earthquake-early-warning

4)「포스트 카트리나법」

미국은 2001년 9·11테러 이후 국토안보부(DHS)를 신설하여 국가적 재난대응에 대한 권한과 책임을 부여하였다. 2005년 허리케인 카트리나 이후 연방정부 차원에서 재난에 대응하고자 연방재난관리청(FEMA)에 국가적 재난대응 권한을 부여하였다. 허리케인 카트리나 이후 미국 재난관리시스템에 큰 변화가 있었는데, 먼저 2006년에 「포스트 카트리나법(Post-Katrina Emergency Management Reform Act)」이 제정되었고, 뒤이어 「국토안보법」이 제정되었다. 또한 기존의 국가사고관리시스템(NIMS), 국가대응계획(NRP), 국가재난안전예방가이드라인(NPG) 등의 내용이 수정 및 보완되었다. 이처럼 관련 법률의 정비를 통해 연방재난관리청(FEMA)의 기능 역시 변화되었다(최경식 외 2016).

[그림 1-9] 허리케인 카트리나로 폐허가 된 뉴올리언스시

5)「스태포드법」

[그림 1-10]
스태포드 상원의원
(Robert T. Stafford)

1988년에 제정된 「스태포드법(Robert T. Stafford Disaster Relief and Emergency Assistance Act)」은 재난이 발생한 지역을 '주요재난지역'으로 선포하고, 피해자들을 지원할 수 있는 근거를 마련한 법이다. 대규모 피해상황이 발생하여 주정부와 지방정부가 효율적으로 대응하기 어려울 경우, 연방정부에 지원을 요청할 수 있고, 연방정부는 지방정부에 연방정부의 자원을 지원할 수 있다. 「스태포드법」의 주요내용은 다음과 같다(이진수, 2017).

● 재난대비 및 경감 지원(Disaster Preparedness and Mitigation Assistance)
● 주요 재난과 위기에 대한 지원 행정(Major Disaster and Emergency Assistance Administration)
● 주요 재난지원 프로그램(Major Disaster Assistance Programs)
● 연방정부의 위기지원 프로그램(Emergency Assistance Programs)
● 위기대비(Emergency Preparedness)

**Stafford Act, *as Amended,* and
Related Authorities**

Homeland Security Act, *as amended* (Emergency Management-related Provisions)

FEMA P-592, May 2019

FEMA

[그림 1-11] 「스태포드법」

출처: https://www.fema.gov/media-library-data/1582133514823-be4368438bd042e3b60f5
cec6b377d17/Stafford_June_2019_508.pdf

6) 「캘리포니아 위기관리법」

위기상황에 대응하기 위한 준비를 확고히 하기 위한 목적으로 제정된 「캘
리포니아 위기관리법(California Emergency Service Act)」의 주요내용은, 먼저
위기의 등급이 그 상태와 정도에 따라 세 단계 등급으로 구분되어 있다는
점이다.

주정부 차원의 전시위기
(State of war emergency)

주정부 차원의 위기
(State of emergency)

지방정부 차원의 위기
(Local emergency)

[그림 1-12] 「캘리포니아 위기관리법」의 위기 등급

「캘리포니아 위기관리법」에 따른 위기관리 권한은 주지사에게 있으며, 위기관리를 위한 예산 지출, 각종 명령과 규율 발령, 주정부 위기관리 계획 수립 및 조정, 위기로 인해 발생한 결과의 경감을 위한 각종 권한이 주지사에게 인정된다. 또한 주지사는 연방 대통령, 연방 행정기관 또는 연방 공무원 등과 협력하여 위기에 대응할 수 있다. 구체적으로 주 재난관리국을 설치하여 위기관리 및 대응에 대한 권한과 책임을 주지사에게 귀속시키고 있으며, 재난관리국의 재난관리국장은 주지사가 임명하고, 재난대응을 위한 다른 주정부 기관과 공무원의 활동을 총괄·조정하는 권한을 가진다. 주 교육부, 총무부, 지진 안전위원회 등과 협력하여 유치원부터 14학년까지 사용할 교육용 교재도 개발한다. 캘리포니아주 전역에 대한 포괄적인 지진 조기경보 시스템의 설치 및 운영에 대한 근거 규정을 두고 있으며, 캘리포니아주 재난관리국은 관계 기관과 협력하여 포괄적인 지진 조기경보 시스템을 캘리포니아 전역에 개발한다.

4
미국의 유아 재난안전관리 제도 및 정책 현황

　미국의 재난안전관리 제도에서 아동의 특수성에 대한 고려가 필요하다는 점을 인식한 시점은 허리케인 카트리나가 발생한 이후이다. 2005년 허리케인 카트리나로 인한 대규모 재난피해는 미국의 재난관리체계에 심각한 문제점을 보여 주었다. 미국의 경우 연방정부, 주정부, 지방정부 차원에서 재난에 대비하기 위한 계획을 수립하고 재난발생 시 대처방안에 대한 지침을 유아교육기관에 제공하고 있었음에도 불구하고, 허리케인 카트리나 발생 시 정부 차원의 재난관리시스템에 근본적인 문제가 있음이 드러났다. 결국 허리케인 카트리나로 인해 피해를 입은 수많은 아동의 요구는 허리케인의 후유증에 대응하는 지역사회의 민간단체나 종교단체에 의해 해결되었다. 그럼에도 대부분의 지역사회 지도자들은 이러한 역할을 지방정부가 담당해야 한다는 현실을 인식하고 이를 위해 노력했다. 사실 지방정부는 재난의 예방, 대비, 대응, 복구 의무를 수행할 책임이 있는데, 이러한 책임은 지역주민뿐만 아니라 지역아동의 고유한 요구에도 적용된다(성미영, 김영희 공역, 2017).

　미국의 경우 아동이 다음 재난에 대처하도록 아동의 적응유연성을 길러 주어야 한다는 점을 강조하고, 재난이 아동의 삶에 미치는 영향, 가족이 다음 재난에 대처하는 데 있어서 아동이 자신의 역할을 인식하도록 함으로써 아동에 대한 신뢰를 키우고, 아동이 다음 재난에 더 잘 대비하도록 돕는다.

　연방재난관리청, 적십자사, 세이브더칠드런에서는 아동이 다음 재난에 대비할 수 있도록 다양한 교육프로그램과 활동을 개발하였다. 연방재난관리청 아동용 사이트(http://www.fema.gov/kids/index.htm)에서 관련 정보를 이용할 수 있고, 학교나 가정에서 활용 가능한 활동, 교육과정, 안전 관련 정보는 부모 및 교사용 사이트(http://www.fema.gov/kids/teacher.htm)에서 이용 가능하다.

연방재난관리청(FEMA)의 아동용 사이트인 FEMA for Kids 사이트에서는 다양한 유형의 재난 설명, Disaster Action Kid 수료증 과정, 게임 및 퀴즈를 통한 재난대비 교육, 재난 경험 아동의 창작물 전시 등 여러 가지 방식을 활용하여 아동을 위한 재난대비 교육프로그램을 제공한다.

미국소아과학회(American Academy of Pediatrics)에서 운영하고 있는 아동과 재난(Children & Disasters) 사이트에서는 재난대비를 위해 필요한 다양한 정보를 아동에게 제공하고 있는데, 예를 들어 가족구성원이 재난에 대비하기 위한 방법을 4단계로 구분하여 매뉴얼 형태로 제시하고, 재난대비에 필요한 가족 재난 키트(Family Readiness Kit)를 제공한다.

미국 적십자사(The American Red Cross)는 재난발생 직후 긴급 대피소를 설치하고 이를 관리하는 역할을 오랫동안 담당해 왔다. 적십자사는 대피소에 거주하는 가족들에게 돌봄서비스를 제공하기 위해 여러 자원봉사단체와 협력해 왔으며, 허리케인 카트리나 발생 이후 적십자사가 관리하는 대피소 내에 돌봄서비스를 제공해 줄 수 있는 안전한 공간을 마련하고자 세이브더칠드런(Save the Children)과 협약을 체결하였다. 미국 적십자사에서는 재난 관련 서비스 영역을 설정하고 재난대비를 위해 가족 재난대비 계획 수립 절차를 제공하고 있는데, 재난 관련 서비스 영역은 가족 재난대비 계획, 아동과 재난 등의 하위 항목으로 구분되어 있으며, 테러와 홍수 등의 재난에 대비하기 위한 방안이 구체적으로 명시되어 있다.

[그림 1-13] 허리케인 카트리나 발생 후 미국 텍사스주 휴스턴시
체육관에 설치된 대피소

출처: https://en.wikipedia.org/wiki/Federal_Emergency_Management_Agency#/media/
File:Katrina-14451.jpg

　2007년 세이브더칠드런에서는 아동에게 필요한 조치와 문제점을 재난관
리계획에 포함시키도록 재난관리자를 위한 『재난피해 아동의 고유한 요구
사항: 아동을 포함한 재난관리계획 수립을 위한 지침서(The Unique Needs
of Children in Emergencies: A Guide for Inclusion of Children in Emergency
Operations Plans)』를 발간했는데, 이 지침서는 아동 관련 재난관리계획을 강
화하기 위해 지역 재난관리자와 협력해야 하는 모든 개인 및 단체에 유용한
내용을 담고 있다(성미영, 김영희 공역, 2017).

〈표 1-4〉 주정부 차원에서 시행 중인 미국 재난안전관리 정책의 사례

- 14%의 주에서만 인가된 영유아교육기관 및 K-12 학교가 네 가지 기본 재난대비 기준을 모두 충족한다.
- 41%의 주에서만 모든 인가된 영유아교육기관에 문서화된 대피 및 이전 계획을 갖추도록 요구한다.
- 29%의 주에서만 모든 인가된 영유아교육기관에 재난발생 시 부모에게 통보하는 문서화된 계획을 갖추도록 요구한다.
- 22%의 주에서만 긴급 대피 및 이전 시 특별한 도움이 필요한 모든 아동을 수용하기 위해 문서화된 계획을 요구한다.

출처: 성미영, 김영희 공역(2017).

　결론적으로 미국의 경우에도 허리케인 카트리나와 같은 대규모 재난이 발생한 이후에야 연방정부, 주정부, 지방정부 차원에서의 유기적이고 체계적인 아동 재난안전관리 체계가 구축되기 시작하였고, 그 이전에는 민간단체를 중심으로 재난복구 시 아동에 대한 구호활동이 진행되었다.

　본 연구에서는 〔한국형 유아 재난안전관리 정책모델〕을 구축함에 있어 이상에서 살펴본 미국 유아 관련 재난안전관리 제도 및 정책 현황 분석 내용을 반영하였고, 국가 및 지방 재난안전 담당 공무원, 유아교육현장의 교직원, 재난관리자에게 제안함으로써 재난예방, 대비, 대응, 복구 단계에서 유아의 취약성을 고려한 유기적인 재난안전관리 제도 및 정책이 우리나라에서 실천되도록 모델을 구축하였다.

미국의 유아 재난안전교육프로그램 현황

1) NAEYC 평가인증 지표에 제시된 유아 재난안전 관련 내용 분석

미국유아교육학회(National Association for the Education of Young Children: NAEYC)에서는 유아에게 양질의 교육을 제공할 수 있는 기준을 마련하여 유아교육기관을 대상으로 평가인증제도를 실시하고 있다.

NAEYC의 평가인증 지표에 제시된 유아 재난안전 관련 내용은 10번째 지표에 해당하는 리더십 및 운영관리 영역의 지표(Leadership and Management Standard)에 포함되어 있다. 리더십 및 운영관리 영역은 건강, 영양, 안전에 관한 운영 계획 및 실행 절차에 관련된 내용을 포괄적으로 다루고 있다. 이 영역은 10개의 하위영역으로 세분화되어 있으며, 그 가운데 8번째 하위영역이 재난대비 및 긴급대피(disaster preparedness and emergency evacuation) 절차와 관련된 내용이다.

National Association for the Education of Young Children

NAEYC Academy for Early Childhood Program Accreditation

Standard 10: NAEYC Accreditation Criteria for Leadership and Management Standard

The following chart presents the accreditation criteria for this topic area. Each criterion provides specific details to guide program plans, policies and practices. The criteria are numbered (01, 02, 03 etc.) within their topic area. Each criterion within each program standard is identified by its relevant age group (or groups). Many criteria are identified as "universal" (U), meaning that all classrooms and programs pursuing NAEYC Accreditation must address these criteria. These aspects of quality should be seen in any programs or classrooms serving birth through kindergarten, though they may look somewhat different in practice depending on the children's age.

10.D.08
U I T P K
The program has written and posted disaster preparedness and emergency evacuation procedures.
Procedures designate an appropriate person to assume authority and take action in an emergency when the administrator is not on-site. The procedure include

- plans that designate how and when to either shelter in place or evacuate and that specify a location for the evacuation;
- plans for handling lost or missing children, security threats, utility failure, and natural disasters;
- arrangements for emergency transport and escort from the program; and
- monthly practice of evacuation procedures with at least yearly practice of other emergency procedures.

[그림 1-14] NAEYC 평가인증 지표에 제시된 유아 재난안전 관련 내용

〈표 1-5〉 NAEYC 평가인증 지표에 제시된 유아 재난안전 관련 주요내용

- 재난발생 시 대피시기 및 방법의 명시적 안내와 대피장소 준비 계획 수립 여부
- 실종아동, 안전위협, 자연재해 대처 계획 수립 여부
- 비상탈출 시설 설치 여부
- 정기적인 소방대피훈련 및 긴급대피훈련 실시 여부

출처: NAEYC 홈페이지(https://www.naeyc.org/).

2) 미국 영유아교육기관의 재난안전교육프로그램 현황

미국 영유아교육기관의 경우 우리나라 영유아교육기관과 마찬가지로 정기적인 소방대피훈련을 실시하고 있으며, 재난에 대비하기 위한 계획을 수립하고 재난발생 시 대처방안에 대한 지침을 영유아교육기관에 제공하고 있다. 또한 한국의 경우에는 재난에 대비하기 위한 대피훈련을 중심으로 유아 재난안전교육이 실시되고 있는 반면, 미국의 경우에는 이와 함께 재난발생 이후 재난을 경험한 유아를 대상으로 이들의 심리적 외상을 치료하기 위한 방안에 대해서도 대책을 수립하고 있다는 점이 한국과의 차이점이다. 미국의 경우 초기 재난안전교육프로그램에서는 일반적으로 특정한 주제에 초점을 두었으나 오늘날에는 모든 주에서 재난안전교육을 교육과정에 포함시켜 운영하고 있으며, 영유아의 발달 수준과 흥미, 필요성에 따라 다양한 유형의 활동으로 계획하여 재난안전교육을 실시하고 있다.

(1) NACCRRA(National Association of Child Care Resource and Referral Agencies, http://www.naccrra.org)

미국보육연합회(NACCRRA)에서는 2007년 영유아교육기관에 다니는 영유아가 재난에 대비하는 데 도움이 되도록 유아 재난대비 및 복구 계획을 수립하였다. 유아 재난대비 및 복구 계획은 모든 주에 공통적으로 적용 및 실시되는 내용으로 영유아교육기관에 다니는 만 5세 이하의 모든 영유아가 다양한 유형의 재난에 대비할 수 있도록 미국적십자사, 미시시피주립대학, 세이브더칠드런(Save the Children) 등과 협력하여 재난대비 계획을 수립하였다. 허리케인 카트리나로 인해 재난을 경험한 아동을 돌보는 데 전념했던 NACCRRA는 영유아교육기관을 복구하고 가족이 원래의 일상생활로 돌아갈 수 있도록 노력하였다. 이러한 재난을 경험한 후 NACCRRA에서는 『Is Child Care Ready?』라는 매뉴얼을 발간함으로써 국가적인 차원에서는 처음으로 보육과 관련된 영역에서의 재난대비 방안을 마련하였다.

[그림 1-15] NACCRRA 홈페이지 (1)

[그림 1-16] NACCRRA 홈페이지 (2)

Disaster Preparedness Checklist for Child Care Resource & Referral Agencies

Local Child Care Resource & Referral Agencies			
Preparation	Accomplished	Ongoing	Pending
1. Find out the type of disasters likely to occur in the CCR&R's service delivery area (pg17)			
2. Learn how to prepare for the specific types of disasters likely to occur in your service delivery area (pg 65)			
3. Understand the types of advisories and warnings issued for your service delivery area (pg 70)			
4. Get the location, phone number and e-mail address of the Federal Emergency Management Area office for your region (pgs 23 & 63)			
5. Get the location, phone number and e-mail address of your state emergency management office (pg 23)			
6. Find out who in your community is responsible for emergency planning; contact them; get a copy of the local emergency plan; review the plan for child care issues (pg 23)			
7. If you aren't involved in local planning for emergencies, contact those in charge and ask to be included; ensure child care is included in the plans (pg 24)			
8. Provide training for child care programs on how to prepare for a disaster (see guides)			
9. Help local child care programs develop an emergency preparedness plan for their center or family child care home (pg 24)			
10. Help local child care programs assess their insurance coverage for disaster damage (pgs 29 & 106)			
11. Maintain a list of child care programs (including non-registered or licensed) to use during a disaster			
12. Provide back-up for child care programs' important records and documents (pgs 29, 104 and Appendix)			
13. Help child care programs develop an evacuation plan (pg 30 & 72)			
14. Provide training for child care programs on how to take shelter-in-place (pg 32)			
15. Conduct training for child care staff and family child care providers on how to prepare their own families and homes for disasters (pg 38)			
16. Collaborate with the local emergency planning committee, Red Cross, and others to identify sites for temporary child care centers (pgs 33-43)			
17. Train CCR&R staff members and others to work in temporary child care centers (pg 33-43)			
18. Secure funding for and develop equipment and materials kits to supply temporary child care centers (pg 94)			
19. Establish enrollment and other procedures to follow if it is necessary to operate a temporary child care center (pg 42)			
20. Make sure child care programs keep an inventory so damage can be assessed after a disaster (pg 29)			

[그림 1-17] NACCRRA 재난대비 체크리스트 항목

출처: NACCRRA 홈페이지(https://www.naccrra.org/).

(2) 미국의 주정부별 유아 재난안전 관련 규정

NAEYC에서는 허리케인 카트리나와 연이어 발생한 홍수로 인해 나이 어린 영유아가 재난에 취약하다는 사실에 주목하였다. 이에 따라 영유아를 보호하고 양육하는 가족과 다른 성인들이 재난을 경험한 영유아에게 안정을 되찾아 줄 필요가 있음을 공감하였다. 이를 위해 NAEYC에서는 재난을 경험한 영유아에게 정서적 지지를 제공하고 안전에 대한 확신을 주기 위해 가족과 다른 성인들이 할 수 있는 몇 가지 구체적인 전략을 수립하고, 이를 『When Disaster Strikes: Helping Young Children Cope』라는 안내책자로 발간하였다. 구체적인 전략의 내용은 다음과 같다.

- 신체 접촉을 통한 안정감 제공하기
- 기존의 일상생활 흐름 유지하기
- 재난 관련 이야기 나누기에 참여한 유아에게 반응적으로 대하기
- 유아의 긴장 완화를 돕는 경험 제공하기(예: 모래놀이치료, 극놀이, 실외놀이 등)
- 유아의 문제행동에 관심 가지기(예: 손톱 깨물기, 오줌 싸기 등)
- 부모의 정서적 안정 유지하기

미국의 많은 주에서는 유치원을 포함한 영유아교육기관에서 구체적인 재난대비 활동을 실시하도록 규정하고 있다. 예를 들어, 캘리포니아주에서는 교육기관에서 재난대비 계획을 수립하고 주기적인 대피훈련을 실시하며, 학생과 교직원이 재난대비교육프로그램에 참여하도록 요구하고 있다. 또한 켄터키주에서는 1992년 교육기관에서의 재난대비 계획 수립 및 훈련, 교육에 관한 법률을 제정하였다. 이 외에도 교육기관에서의 재난대비 훈련은 오리건, 몬태나, 미주리주에서 실시되고 있으며, 아이다호와 아칸소주에서는 지진대피훈련을 교육기관을 포함한 모든 공공기관에서 실시하도록 규정하고 있다.

미주리주의 경우 폭풍, 토네이도, 홍수 등의 심각한 자연재해를 경험한 아동이 재난과 관련된 스트레스를 겪고 있다는 점에 주목하여, 자연재해 등의 재난을 경험한 만 5세 이하 영유아가 이러한 재난을 극복하는 데 도움을 주기 위한 몇 가지 전략을 수립하여 제공하고 있다. 구체적인 내용은 다음과 같다.

- 매일 일정 시간 유아에게 관심 가지기
- 유아가 자발적으로 이야기하도록 격려하기
- 유아의 두려움 이해하기
- 유아에게 재난에 관련된 정보 제공하기
- 유아가 안전한 상태에 있음을 확신시켜 주기
- 또래와의 활동 권장하기
- 일시적으로 유아에 대한 기대수준 낮추기

뉴햄프셔주의 경우에는 재난이 발생했을 때 보다 광범위한 위기상황 대응 계획과 협력적으로 재난을 관리할 수 있는 시스템을 뉴햄프셔 아동복지국에서 구축하고 있다. 아동복지국에서는 발생 가능한 자연재해를 사전에 고려하여 현행 위기상황 대응시스템을 통해 이에 대비할 수 있도록 준비하고 있다. 또한 뉴햄프셔주에서는 폭설 등의 재난에 대비하기 위한 단계적이고 체계적인 훈련을 실시하고 있는데, 특히 인근지역에서 발생 가능성이 높은 재난을 중점 대상으로 하고 있다.

콜로라도주 아동복지국의 경우에도 발생 가능한 재난에 대해 사전에 대비할 필요가 있으며, 이에 대한 계획을 수립하고 훈련을 실시해야 한다는 주장에 동의하고 있다. 콜로라도주에서는 토네이도가 인근지역을 강타한 경우와 홍수가 발생한 사례 등을 통해 재난대비 계획의 중요성을 확인하고 이에 대비하기 위한 방안을 수립하였다.

3) 유아 재난안전교육 관련 사이트 현황

(1) FEMA for Kids(Federal Emergency Management Agency,
   https://www.fema.gov/kids) (현재는 www.ready.gov)

미국의 경우 유아 재난안전교육 관련 사이트 중 연방재난관리청(Federal Emergency Management Agency) 홈페이지에서 과거에 운영했던 FEMA for Kids 사이트가 대표적이다. FEMA for Kids 사이트에서는 다양한 유형의 재난 설명, Disaster Action Kid 수료 과정, 게임 및 퀴즈를 통한 재난대비 교육, 재난 경험 아동의 창작물 전시 등 여러 가지 방식을 활용하여 아동을 위한 재난대비 교육프로그램을 제공하였다.

[그림 1-18] FEMA for Kids 홈페이지 (1)

[그림 1-19] FEMA for Kids 홈페이지 (2)

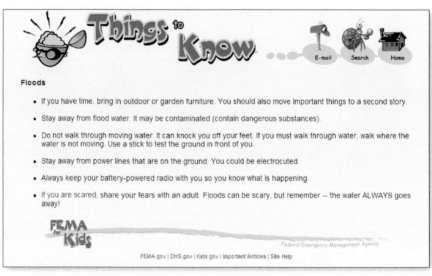

[그림 1-20] FEMA for Kids 홈페이지 (3)

Disasters happen. There is not much we can do about that. But there are things we can do to protect our homes and reduce the risk that they will be damaged. Reducing the risk is called "mitigation." Although some mitigation is very expensive and complicated -- like moving your home to a different piece of land that is higher or away from a river -- some things are easy. Here are some things you and your family can do to mitigate:

» Click Here For Mitigation Photos

Floods

- Don't put valuable items and appliances in the basement where they are more likely to be flooded.

- Power and water don't mix! Have the main breaker or fuse box and the utility meters raised above the flood level for your area. That way, if your home floods, water won't damage your utilities.

- Buy flood insurance. To learn more about flood insurance, have your parent call 1-800-427-4661.

[그림 1-21] FEMA for Kids 홈페이지 (4)

[그림 1-22] FEMA for Kids 홈페이지 (5)

(2) Children & Disasters(American Academy of Pediatrics, https://www.aap.org/terrorism/index.html)

미국소아과학회(American Academy of Pediatrics)에서 운영하고 있는 Children & Disasters 사이트에서는 아동을 위한 재난대비 관련 내용을 소개하고 있다. 이 사이트에서는 재난대비를 위해 필요한 다양한 정보를 아동에게 제공하고 있는데, 예를 들어 가족구성원들이 재난에 대비하기 위한 방법을 4단계로 구분하여 매뉴얼 형태로 제시하고 있다. 또한 재난대비에 필요한 Family Readiness Kit를 제공하고 있다.

[그림 1-23] AAP Children & Disasters 홈페이지 (1)

PREPARING TO HANDLE DISASTERS

2nd Edition

The Family Readiness Kit was developed after talking with over 250 families, like yours. The ideas they shared were used to make a set of materials which reflect the needs of most families. Even though all families are unique, this information helps most of us to understand the basic information about preparing for a disaster.

This kit is for parents to use at home to help prepare for most kinds of disasters. In most families, mothers are likely to handle this responsibility. However, other family members often help too - fathers, grandparents, and even children. And because each family is different, family members other than Mom may take the lead in helping the family get ready for a disaster. Each family should handle this in a way they feel comfortable. Just make sure someone in the family does it.

[그림 1-24] AAP Children & Disasters 홈페이지 (2)

(3) 미국 적십자사(The American Red Cross, http://www.redcross.org)

미국 적십자사에서는 재난 관련 서비스 영역을 설정하고 재난대비를 위해 가족 재난대비 계획 수립 절차를 제공하고 있다. 재난 관련 서비스 영역은 가족 재난대비 계획, 아동과 재난 등의 하위 항목으로 구분되어 있으며, 테러와 홍수 등의 재난에 대비하기 위한 방안이 구체적으로 명시되어 있다. 이와 더불어 재난을 경험한 아동이 이를 극복하고 심리적 안정을 찾을 수 있도록 도와주는 방안도 소개한다.

[그림 1-25] 미국 적십자사 홈페이지 (1)

Disaster Services

Each year, the American Red Cross responds immediately to more than 70,000 disasters, including house or apartment fires (the majority of disaster responses), hurricanes, floods, earthquakes, tornadoes, hazardous materials spills, transportation accidents, explosions, and other natural and man-made disasters.

The Good News Is That We Can Help
Although the American Red Cross is not a government agency, its authority to provide disaster relief was formalized when, in 1905, the Red Cross was chartered by Congress to "carry on a system of national and international relief in time of peace and apply the same in mitigating the sufferings caused by pestilence, famine, fire, floods, and other great national calamities, and to devise and carry on measures for preventing the same." The Charter is not only a grant of power, but also an imposition of duties and obligations to the nation, to disaster victims, and to the people who generously support its work with their donations.

Spotlight

Take the Introduction to
Disaster Services Course
▸ more...

Pandemic Flu Public Education
▸ more...

Access the Hurricane Recovery
Program
▸ more...

Red Cross disaster relief focuses on meeting people's immediate emergency disaster-caused needs. When a disaster threatens or strikes, the Red Cross provides shelter, food, and health and mental health services to address basic human needs. In addition to these services, the core of Red Cross disaster relief is the assistance given to individuals and families affected by disaster to enable them to resume their normal daily activities independently.

The Red Cross also feeds emergency workers, handles inquiries from concerned family members outside the disaster area, provides blood and blood products to disaster victims, and helps those affected by disaster to access other available resources.

[그림 1-26] 미국 적십자사 홈페이지 (2)

Family Disaster Planning
Children & Disasters
Seniors & People with Disabilities
Animal Safety
Financial Preparations
Business & Industry Guide
Personal Workplace Disaster Supplies Kit
HSAS Recommendations
Emergency Preparedness Kit
Related Links
Mitigation

Register for redcross.org

HELP NOW
$ Donate
Give Blood
Advocate
Volunteer
Get Trained

Find Your Local Red Cross
Enter Zip Code Here:

FIND

Or Browse Through A List of Chapters!
WEBSITES

OUR SUPPORTERS
Circle of Humanitarians

Home English > Services > Disaster Services > Be Prepared

Disaster Services

Be Prepared - American Red Cross Preparedness Information

Disaster can strike quickly and without warning. It can force you to evacuate your neighborhood or confine you to your home. What would you do if basic services--water, gas, electricity or telephones--were cut off? Local officials and relief workers will be on the scene after a disaster, but they cannot reach everyone right away. Therefore, the best way to make your family and your home safer is to be prepared before disaster strikes.
more...

Terrorism--Preparing for the Unexpected

Food and Water in an Emergency (A5055)(FEMA 477)

Shelter-in-Place in an Emergency

Preventing and Thawing Frozen Pipes

Power Outage

Family Disaster Planning
Preparing for Disaster (A4600)(FEMA 475)
Make sure your family has a plan in place before a disaster occurs. Tips are provided on how to prepare for any event with a plan that includes a supplies kit and emergency checklist for your important personal considerations, items and documents.

Helping Children Cope with Disasters (A4499)(FEMA 478)
Find tips on how to help your child to cope with disaster.

Preparing for Disaster for People with Disabilities and other Special Needs (A4497)(FEMA 476)
Additional information for the elderly and people with mobility impairments or hearing, seeing, or learning disabilities.

[그림 1-27] 미국 적십자사 홈페이지 (3)

6
미국의 재난안전관리 제도 및 정책의 시사점

이상에서 살펴본 미국의 재난안전정책 및 제도는 다음과 같은 점에서 한국의 재난안전정책 및 제도에 전반적인 시사점을 제공한다(주상현, 2016).

첫째, 국가의 책임 강화 및 전문적 역할의 강화가 필요하다. 미국의 경우 위기관리는 통합체계로, 안전관리는 다양한 정부 부처의 전문성에 근거하여 분산형으로 운영되고 있으므로 이를 참고할 필요가 있다. 둘째, 국민 중심의 재난대응역량 강화를 위한 노력이 필요하다. 예를 들어, 행정안전부 홈페이지 자체의 구성 및 운영의 체계성과 효율성을 강화하고, 실효성 있는 재난안전교육을 실시하여 국민의 안전 역량을 강화시킬 필요가 있다. 셋째, 정부-지방정부-민간 간 협력적 거버넌스 체계를 구축할 필요가 있다. 이를 통해 국가 위기 시 정부 차원의 통합적 노력과 더불어 즉각적이고 선제적인 대응을 실행하고, 지역별로 분산화된 재난관리 정책을 실행할 필요가 있다. 넷째, 재난관리 위험 및 평가체제 구축을 통한 재난대비능력을 강화시켜야 한다. 재난관리 평가체제 구축을 통해 지속적인 피드백을 실시할 경우 재난대비능력을 강화시킬 수 있다.

또한 미국 재난관리 계획과 비교해 볼 때 우리나라의 재난관리 계획은 다음과 같은 개선방안을 모색할 필요가 있다(곽창재, 임상규, 최우정, 2016). 먼저, 재난관리 계획의 실효성을 확보하기 위해 구체적인 내용 중심의 재난대응 매뉴얼 및 활동계획을 포괄할 수 있는 재난관리 계획을 수립해야 한다. 다음으로 재난관리 계획의 내용 간 연계성을 고려하고, 관할행정구역의 특성을 제대로 반영하여 수립된 계획을 체계적으로 진행해야 하며, 마지막으로 현실적인 재난안전관리 정책이 수립되도록 여건 및 전망에 대한 분석을 제대로 시행해야 한다.

미국의 재난관리 관련 법제를 통해 우리나라의 현행 재난관리 법제에 대해 다음과 같은 시사점을 얻을 수 있다(이진수, 2017). 첫째, 책임주체를 명확화해야 한다. 우리나라 법제의 문제점 중 하나는 책임주체의 불명확성에 있다. 예를 들어, 지진 관련 법률의 경우 법률상 책임주체가 추상적으로 규정되어 있어 법령의 문장만으로는 책임을 부담하는 기관을 명확히 알기 어려운 구조이다. 미국 재난관리 관련 법제를 살펴보면, 관련 연방 법률인 「스태포드법」에서는 주요 재난의 경우 지원 의무를 부담하는 민간기구의 명칭까지 구체적으로 규정하고 있고, 캘리포니아주법에서는 지진네트워크의 구성원으로 의무를 부담하는 기관을 명확하게 열거하고 있다.

둘째, 중앙정부와 지방자치단체 간, 정부-민간 간 협력적 네트워크를 구축해야 한다. 연방정부-주정부-지방정부 간, 정부-민간 간 협력적 네트워크를 구축하고 있는 네트워크 거버넌스(network governance)가 바로 미국 법제의 또 다른 특징이다. 이처럼 미국에서의 지진대응 방식의 핵심은 공공 행정기관 상호 간, 즉 연방정부와 주정부와 지방정부 사이, 각 주정부 사이, 각 지방정부 사이, 각 연방정부기관 사이 등 다양한 공적 주체 사이에서의 협력과 파트너십이다. 이와 달리 우리나라 재난관리법제의 경우 복잡한 조직과 불명확한 역할이라는 측면에서 문제점이 있는데, 지진에 관여하는 행정주체나 기관, 위원회 조직은 있지만 이러한 주체들이 재난발생 상황에서 어떠한 역할을 담당할 것인지에 대해 법률상으로 명시되어 있지 않다. 이로 인해 부처 간 권한배분 문제가 발생할 수 있다. 따라서 미국의 협력적 거버넌스 방식의 틀을 참고하여 여러 부처, 단체, 기관과의 협업체계를 구축하고, 이를 법률에 명시할 필요성이 제기된다.

셋째, 재난대응 담당조직의 문제를 들 수 있다. 우리나라의 경우, 재난대응 담당조직은 중앙과 지방에 다수 설치되어 있으나, 실제 업무를 수행하는 조직은 시·군·구 단위의 지역대책본부가 되는 구조이므로 특별지방행정기관의 도입에 대한 필요성을 고려해 볼 수 있다. 미국의 주정부는 재난대응에 최종적 책임을 지는 주지사를 중심으로 하여 재난관리조직을 운영하고 있는 것과 달리, 우리나라의 경우 행정안전부가 중앙정부의 재난방재업무 담당하고, 지방자치단체의 경우 지방자치단체장 소속으로 재난 관련 조직을 두고 있는 상황이다. 특별지방행정기관에서 지진을 비롯한 각종 재난에 대응하도록 할 경우 현지성을 갖춘 대응을 할 수 있도록 함과 동시에 중앙정부와의 효율적인 연락 및 협조체계 구축도 가능할 것이다.

넷째, 재난유형으로서 지진이 갖는 특성을 감안한 대응체계를 구축해야 한다. 미국의 경우 지진 교육 및 훈련과 관련하여 연방의 국가적 재난대비 시스템에서 피해의 최소화, 즉 경감의 측면을 강조하고 있는데, 피해를 줄이기 위한 방법으로 사전감지를 통한 조기경보체계를 확립하고, 건축물의 내진설계를 정비하고 있다. 특히 주정부 단위에서는 경보체계를 바탕으로 지역사회 수준에서의 지진교육을 강조하고 있다. 따라서 우리나라의 경우에도 지방자치단체 단위에서 지역사회 구성원을 대상으로 한 지진교육의 실시가 요구된다. 2019년 행정안전부에서는 '찾아가는 지진교육'을 전국적으로 시행하여 중앙정부 차원에서의 지진교육프로그램을 개발하였으므로, 각 지방자치단체 차원에서 지역사회의 특성을 고려하여 이에 근거한 지진교육을 시행할 필요가 있다.

Chapter 2

일본의 재난안전관리
제도 및 정책

일본 재난관리체계의 역사적 변천

　최근의 재난은 대형화 및 복잡화로 인해 그 위험이 천문학적으로 증가했고, 재난으로 인한 인적, 물적 피해는 앞으로 점점 더 커질 가능성이 높다. 재난의 양상이 점점 복잡화, 다양화되고 있는 현대사회에서 이에 대응하는 정부의 역량은 더욱 강조되고 있다. 현재 한국의 재난안전 관련 연구개발 체계는 기술, 정책, 교육, 산업이 결합되는 '융합형 체계'로 변화를 시도하고 있다(이주영, 최수민, 2016). 현행 우리나라 재난관리체계의 주요 문제점은 재난대응체계와 시스템의 비효율적 운영, 재난관리 유관부처의 대응역량 문제, 재난발생 시 전 국민의 행동요령에 대한 교육 부재 등을 들 수 있다. 이에 따라 국가의 위기관리 기능을 재점검해야 한다는 주장이 대두되었다. 재난은 심리적·사회적 고통을 유발할 뿐만 아니라 그 피해가 장기화될 수 있다는 점에서 심각성을 확인할 수 있다.

　일본은 국가 특성에 맞는 재난관리체계 구축에 국가적 차원의 투자 및 노력이 오래전부터 이루어져 왔다. 최근까지 일본은 재난발생 시 중앙정부와 지방정부 및 공공기관, 민간부문 등 각 재난관리 주체가 유기적으로 협력하여 효과적으로 재난에 대응하는 재해방지 선도국가로 평가받아 왔다(이동훈, 김지윤, 강현숙, 이혜림, 2016).

일본 재난안전관리 체계의 역사적 현황은 다음과 같다. 먼저, 1946년 난카이 대지진은 1947년 「재난구호법」 제정의 계기가 되었고, 이는 현행 일본 재난관련 법체계의 시초로 볼 수 있다. 다음으로 1959년 9월 이세완 태풍 이후 1961년에 「재해대책기본법」을 제정하여 재난유형별 기본법을 제정하였다. 일본의 「재해대책기본법」에는 방재의 책임이 명확히 규정되어 있고, 재난관리의 역할과 책임의 소재도 분명하게 제시되어 있으며, 동일본 대지진 이후 지방정부 간 상호유기적인 지원활동을 강조하기 위한 조항들도 추가되었다. 한신·아와지 대지진 이후에 재난관리시스템이 전면 개정되면서 내각부의 역할이 확대되고, 광역지원시스템이 수립되는 등 중앙의 권한이 강화되었다. 2001년 중앙부처를 개편하면서 재난관리의 일원화를 도모하였고, 내각위기관리감을 신설하였으며, 긴급재해대책본부의 설치 및 민·관의 협력체계 구축과 함께 재난심리지원에 대한 필요성이 대두되었다. 2011년 동일본 대지진은 지진, 지진해일, 원전사고의 3중 복합재난으로 피해규모가 매우 컸으며, 피해범위가 광범위하여 일본의 기존 재난대비체계가 완전히 무력화되는 대표적인 사례가 되었다. 이처럼 동일본 대지진 이후 「동일본대지진재부흥기본법」을 제정하여 복구정책의 새로운 방향을 제시하였다. 이제는 단순히 기존의 모습을 회복하는 것에서 나아가 재난관리 활동에 있어서 물리적 측면의 회복, 개인의 심리적 피해나 지역사회의 정체성 및 탄력성 회복을 지원하는 방안을 강화하게 되었다(이동훈 외, 2016). 한신·아와지 대지진 이후 일본 재난안전관리 정책의 가장 두드러진 변화는 바로 '마음케어센터'의 설립이다. 마음케어센터의 설립은 재난심리지원에 대한 중요성을 확인시켜 주는 대표적인 사례이다.

　2004년 효고현 고베시에 일본 최초로 재난에 대한 외상 연구와 심리지원을 제공하는 효고현 마음케어센터가 설립되어 재난이나 외상으로 인한 정신건강 문제를 이해하고 지식을 제공하기 위한 기본교육과 더불어 재난예방 및 지역사회 정신건강, 범죄 희생자, 학교 관련 주제, 아동학대 또는 가족폭력, 직업 관련 스트레스 등 주제별로 전문교육을 제공하고 있다.

　동일본 대지진 이후의 변화는 중앙차원의 재난심리지원체계 구축이다. 동일본 대지진으로 인해 대응 매뉴얼과 같은 기존 재난대비체계가 전혀 도움이 되지 못하는 상황이 발생하였다. 이로 인해 중앙차원에서 재난지원단을 구성하여 파견할 수 있는 광역지원체계의 구축이 시급함을 확인함과 동시에 개인의 심리적 피해나 지역사회의 정체성 및 탄력성의 회복을 지원하는 방안이 강화되었다.

[그림 2-1] 동일본 대지진과 지진해일의 피해를 입은 일본 센다이항

출처: https://ko.wikipedia.org/wiki/%EB%8F%84%ED%98%B8%EC%BF%A0_%EC%A7%80%EB%B0%A9_%ED%83%9C%ED%8F%89%EC%96%91_%ED%95%B4%EC%97%AD_%EC%A7%80%EC%A7%84#/media/%ED%8C%8C%EC%9D%BC:SH-60B_helicopter_flies_over_Sendai.jpg

[그림 2-2] 동일본 대지진으로 발생한 지진해일

출처: https://news.joins.com/article/23434925

[그림 2-3] 동일본 대지진 피해복구 현장

출처: http://m.kmib.co.kr/view.asp?arcid=0013101985

일본의 재난관리 조직 및 지휘체계

일본의 재난관리 및 지휘체계에 대해 전반적으로 살펴보면, 재난관리에 대한 각 기관의 역할을 명확하게 분담하고 있음을 알 수 있다. 각 부처별로 담당할 역할 분담이 명확히 구분되어 있는데, 먼저 비상재해대책본부에서는 비상대책에 대한 종합적 대응과 긴급조치계획의 실시를 담당하고, 관련기관 및 단체에서는 방재계획에 따라 업무를 수행하며, 지방자치단체에서는 실질적인 현장활동을 책임지고 재난대응활동을 실행한다(이동훈 외, 2016).

일본은 전 국민 대상의 재난관리체계뿐만 아니라 재난취약자를 위한 재난관리체계를 충실하게 갖추고 있다. 재해대책본부 내에 재난발생 시 재난취약자 지원반을 설치하도록 제시하고, 재난발생 시 대피소에 재난취약자용 창구를 설치하며, 필요한 지원에 대한 상담을 실시함과 동시에 재난취약자 지원반과 연계하여 신속한 지원이 이루어지도록 한다(장한나, 2016).

일본의 재난관리체계는 [그림 2-4]와 같다. 먼저, 국토청 방재국에서 「재해대책기본법」에 근거하여 전체적인 중앙재난관리를 담당하고, 각 성·청에서는 각자 담당하고 있는 재난관리 관련 업무를 실제적으로 추진한다. 국토청 방재국의 총괄적인 지휘 아래 중앙방재회의, 도·도·부·현 방재회의, 시·정·촌 방재회의가 진행되고, 지정행정기관 및 지정공공기관에서 재난관리 관련 업무를 분담하여 수행한다.

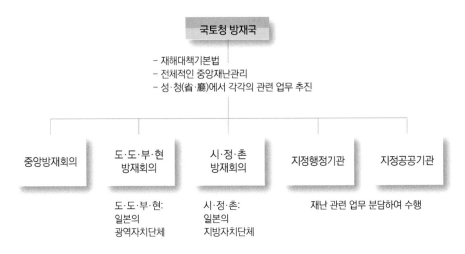

[그림 2-4] 일본의 재난관리체계

출처: 김영근(2015).

3

일본의 재난관리체계

일본의 재난관리체계는 「재해대책기본법」을 근간으로 하며, 재난심리체
계를 구축함과 더불어 재난취약자 행동매뉴얼을 갖추고 있다.

1) 「재해대책기본법」

일본은 1946년 난카이 지진 이후 「재해대책기본법」을, 그리고 「재해구조법」을 제정하여 관계 법령을 정비하였다. 1959년 이세완 태풍을 계기로 1961년 「재해대책기본법」이 제정되어 재난에 대한 기본법이 확립되었으며, 2011년 동일본 대지진을 계기로 재난관리체계의 기본인 예방, 대응, 완화, 복구의 4개 과정 이외에 복원력을 강조하게 되었다(임승빈, 2017).

「재해대책기본법」은 1961년 제정된 이후 2013년 6월 21일 기준 11장 117조로 구성되어 있다. 「재해대책기본법」의 내용을 살펴보면, 방재 전반에 관한 조직과 역할 및 방재계획, 그리고 재해예방, 응급대책, 복구단계에서 조직의 역할과 권한 규정, 이재민 원호 조치와 재정금융 조치, 재해 긴급사태에 관한 규정 및 잡칙과 벌칙 규정을 포함한다.

1961년 제정된 「재해대책기본법」은 2011년 동일본 대지진의 교훈을 배경으로 개정되었다. 대규모 재해로부터의 부흥에 관한 법률을 예방~긴급시, 응급대책~복구·부흥 대책까지 연속적으로 대응하도록 조치하였으며, 다음과 같은 내용을 개정하였다(Masatsugu Nemoto, 2015).

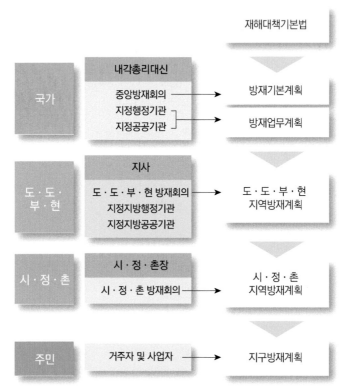

[그림 2-5] 일본의 「재해대책기본법」에 근거한 재난관리체계

출처: 박창열, 장미홍(2018).

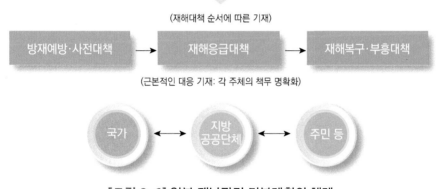

각 재해에 공통적으로 적용되는 대책

자연재해대책	지진방재대책	지진해일방재대책	풍수해대책	화산재해대책	설해대책
사고재해대책	해상재해대책	항공재해대책	철도재해대책	도로재해대책	
	원자력 재해대책	위험물등 재해대책	대규모 화재재해대책	임야화재대책	

(재해대책 순서에 따른 기재)

방재예방·사전대책 → 재해응급대책 → 재해복구·부흥대책

(근본적인 대응 기재: 각 주체의 책무 명확화)

국가 ↔ 지방 공공단체 ↔ 주민 등

[그림 2-6] 일본 재난관리 기본계획의 체계

출처: 박창열, 장미홍(2018).

[그림 2-6]에 제시된 바와 같이, 일본 재난관리 기본계획의 체계는 각 재해에 공통적으로 적용되는 대책이 자연재해대책과 사고재해대책으로 구분되어 있다. 이처럼 각 재해에 공통적으로 적용되는 대책에 근거하여 방재예방·사전대책, 재해응급대책, 재해복구·부흥대책 순으로 재난관리가 진행된다.

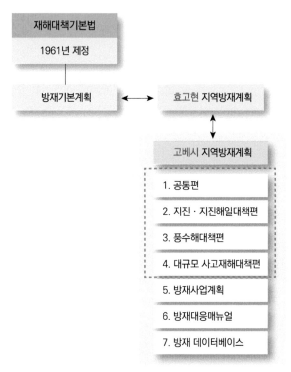

[그림 2-7] 고베시 지역방재계획의 체계

출처: 고베시(2015), 정군우(2016)에서 재인용.

〈표 2-1〉 일본 「재해대책기본법」의 개정 내용

- 대규모 재해의 경우 중앙정부의 지원방법과 지방자치단체의 역할분담 명확화
- 교훈과 과제를 후속세대에게 정확히 전달
- 재해대책에서 '즉시 피난'을 중시하고 물리적·사회적으로 다양한 대책을 통해 피해를 최소화하는 '감재'를 위해 행정, 지역, 시민, 기업 수준의 활동 종합화
- 자조(自助), 공조(公助), 공조(共助)의 기본 개념에 대한 명확한 이해
- 각 주체의 역할 명확히 규정

출처: Masatsugu Nemoto (2015).

〈표 2-2〉 일본 수원*체제 구축의 추진 과정

시기	내용
1995년 12월	「재해대책기본법」 개정 (한신·아와지 대지진 계기) ● 지자체 상호 협력과 상호 응원에 관한 협정 체결에 대한 규정 신설
2012년 6월	「재해대책기본법」 개정 (2011년 동일본 대지진 계기) ● 지역방재계획 수립 시에는 원활하게 타자 응원을 받고 또는 타자를 응원할 수 있게 배려하도록 규정 ● 지자체 간 응원 대상 업무를 재해발생 직후의 긴급성이 높은 응급조치로부터 피난처 운영 지원, 순회 건강 상담, 시설 보수 등을 포함한 재해응급 대책 전반으로 확대
2012년 9월	방재기본계획 수정 ● 지역방재계획에 응원계획과 수원계획을 각각 정하도록 노력 규정을 두었고, 응원처·수원처 지정, 응원·수원에 관한 연락·요청 절차, 재해대책본부와의 역할 분담·연락 조정 체제, 응원기관 활동거점, 응원요원 집합·배치체제와 자재 등 집적·수송체제 등을 정비하도록 함
2013년 6월	「재해대책기본법」 개정 ● 국가(지정행정기관장)에 대한 재해응급 대책 전반에 관한 수원 요구 규정 창설 ● 응급조치 대행 등 규정 창설 ● 내각총리대신에 의한 광역 실시체제 협의 등의 대행 규정 창설
2014년 1월	방재기본계획 수정 ● 재해응급조치 등에 관한 업무를 수행하는 기업과 국가·지자체와의 협정 체결 촉진
2017년 3월	내각부 '지방공공단체를 위한 재해 시 수원체제에 관한 가이드라인' 공표

출처: Masatsugu Nemoto (2017).

* 수원(受援): 원조를 받음.

2) 재난심리지원체계

일본의 재난관리체계에 있어서 또 하나의 중요한 특징은 재난심리지원체계를 체계적으로 갖추고 있다는 점이다. 일본에서는 한신·아와지 대지진 이후 재난심리지원에 대한 필요성이 대두하였고, 이를 계기로 하여 마음케어센터를 설립하게 되었다. 2004년 효고현 고베시에 일본 최초로 재난에 대한 외상연구와 심리지원을 제공하는 효고현 마음케어센터가 설립되어 일본의 재난심리지원체계가 출발하였다(이동훈 외, 2016).

마음케어센터에서는 재난이나 외상으로 인한 정신건강 문제를 이해하고 지식을 제공하기 위한 기본교육을 제공함과 동시에 재난예방 및 지역사회 정신건강, 범죄 피해자, 학교 관련 주제, 아동학대 또는 가족폭력, 직업 관련 스트레스 등 주제별로 전문교육을 제공한다.

동일본 대지진 이후의 대표적인 변화는 중앙차원의 재난심리지원체계가 구축되었다는 점이다. 일본은 동일본 대지진으로 인해 대응 매뉴얼과 같은 기존 재난대비체계가 철저히 무력화되는 경험을 함으로써 새로운 재난대비체계의 필요성이 강조되었다. 이로 인해 중앙차원의 재난지원단을 구축하여 파견할 수 있는 광역지원체계가 구축되었고, 이와 함께 개인의 심리적 피해나 지역사회의 정체성 및 탄력성 회복을 지원하는 방안이 강화되었다(이동훈 외, 2016).

[그림 2-8] 효고현 마음케어센터 홈페이지 (1)

출처: http://www.j-hits.org/english/index.html

[그림 2-9] 효고현 마음케어센터 홈페이지 (2)

출처: http://www.j-hits.org/english/index.html

3) 재난취약자 행동매뉴얼

재난에 대비하기 위한 다양한 행동매뉴얼을 대상별로 확보하고 있다는 점 역시 일본 재난관리체계의 특징에 해당한다. 먼저, 재난취약자는 재난약자, 또는 재난취약계층으로 불리는데, 국립방재연구소에서는 재난취약자를 경제적으로 기본적인 안전 환경을 유지할 수 없거나, 재난발생 시 신체적으로 자력에 의한 신속한 대피 및 조기대응을 할 수 없는 자 또는 환경적인 요인에 의해 재난취약성을 갖는 자로 정의하고 있다.

재난취약자의 경우 일반인에 비해 여러 가지 측면에서 재난발생 시 어려움을 겪게 되므로 재난취약자의 특성을 파악하여 이들에게 적합한 맞춤형 행동매뉴얼을 제공해 줄 필요가 있다. 예를 들어, 영유아는 재난에 대한 상황 인식 능력이 없거나 현저히 떨어지고, 고령자인 노인의 경우에는 재난에 대비 · 대응할 신체적 능력이 떨어진다. 또한 임산부는 신체적 취약계층에 해당하고, 장애인은 재난발생 시 신체적인 활동 제한으로 대응이 불가능하거나 늦어져 인명피해로 이어질 가능성이 크다는 특성이 있다. 이처럼 재난취약자의 특성이나 이들의 요구사항을 재난발생 이전에 미리 파악함으로써 재난발생 시 재난취약자가 신속하게 대피하도록 도울 수 있다.

〈표 2-3〉 일본의 재난취약자에 대한 법·제도적, 사회적, 종합적 접근

구분	내용
법·제도적	● 관련법률 – 노인(노인복지법 제26조), 아동(아동복지법), 장애인(장애인복지법 제27조, 제13조) ● 교통요금감면(철도법 제7조의2, 유료도로법 제8조) – 노인, 장애인, 보훈대상 (국가유공자등 예우 및 지원에 관한 법률 제66조, 제22조) ● 경제적 취약자 – 국민기초생활보장수급자 또는 그 가족, 국민기초생활보장법상 차상위계층 또는 가족 등 ● 신체적 취약자 – 장애인복지법에 의거한 장애인과 국가유공자 예우 및 지원에 관한 법률에 따른 장애인
사회적	● 전반적 취약계층 – 노인(고령자, 어르신 등으로 명명), 장애인, 아동(영유아 포함), 저소득층(경제적 취약계층) ● 보험취약계층 – 재래시장상인, 고위험 직종종사자, 장애인과 저소득층 ● 취업취약계층 – 비정규직 종사자, 장애인, 실업자, 비진학 청소년, 외국인 이주노동자, 하청노동자, 농어민 ● 정보취약계층 – 정보 소외자, 저학력자, 고령자, 아동 등 ● 보건취약계층 – 저소득층, 고령자, 장애인, 저소득 임산부·영아 ● 정신취약계층 – 우울증 환자 ● 문화취약계층 – 소외지역(대부분 농어촌 주민)

종합적		
신체적 취약계층	보건취약계층, 정신취약계층	저소득층, 고령자, 장애인, 저소득 임산부·영아, 우울증 환자, 빈곤가족, 한부모가족, 장애인가족
경제적 취약계층	저소득층 (경제적 취약계층), 보험취약계층, 취업취약계층	비정규직 종사자, 장애인, 실업자, 비진학 청소년, 외국인 이주노동자, 하청노동자, 농어민, 재래시장상인, 고위험 직종 종사자, 장애인과 저소득자
정보적 취약계층	문화취약계층, 정보취약계층	소외지역(대부분 농어촌 주민), 정보소외자, 저학력자, 고령자, 아동 등

출처: 김수동, 이사홍, 최길현, 정종수(2017).

　지체장애인의 경우에는 한국과 일본 모두 장애유형별로 재난안전 행동매
뉴얼을 갖추고 있는 반면, 시각장애인, 청각·언어장애인, 지적장애인 등을
대상으로 한 행동매뉴얼은 일본의 경우 확보되어 있지만, 한국의 경우는 확
보되어 있지 않다. 시각장애인의 경우에는 한국보건사회연구원에서 2015년
에 시각장애인 재난대응 매뉴얼을 개발하여 한국도 일부 장애유형에 대해
서는 재난대응 행동매뉴얼을 확보하고 있다. 또한 2020년에는 경기도소방
재난본부에서『시각·지체 장애인 및 조력자를 위한 재난대응 표준매뉴얼』
을 발간하였다.

〈표 2-4〉 한국과 일본의 장애인 재난안전 행동매뉴얼 비교

구분	한국 장애인 재난안전 행동매뉴얼 (서울특별시 소방재난본부, 2014)	일본 장애인 재난안전 행동매뉴얼 (도쿠시마현, 2015)
거동 불편 고령자	×	○
시각장애인	×	○
청각·언어장애인	×	○
지체장애인	지체장애별 (소아마비, 근육병, 뇌성마비, 중하부, 최상부 등) 행동매뉴얼 보유	장애유형별 (지체장애가 있는 사람, 휠체어 사용자, 전동휠체어 사용자) 구체적인 현장조치 행동매뉴얼 보유
내부장애인	×	○
지적장애인	×	○
정신장애인	×	○

출처: 김수동 외(2017).

[그림 2-10] 일본의 지진대처법

출처: 일본 도쿄 지진대응 매뉴얼. http://www.csbn.co.kr/news/article.html?no=15432

4
일본의 유아 재난안전관리 제도 및 정책 현황

　재난에 대비해 적절한 훈련이나 교육을 받지 않은 유아는 재난발생 시 더 큰 위험에 처할 수 있다. 2008년 중국 쓰촨성에서 발생한 대지진의 경우 6,500개 이상의 학교 건물이 붕괴되었으며, 1만여 명의 아동이 목숨을 잃었다. 그리고 2010년 아이티 지진 때에는 4,000명 이상의 아동과 7,000명 이상의 교사가 학교 건물 안에서 목숨을 잃었다(UNESCO, 2014). 이와 달리 2011년 3월 동일본 대지진 이후 지진해일이 덮쳤을 당시 이와테현 가마이시시에서는 '가마이시시의 기적'이라고 불리는 일이 일어났다. 이는 재난에 대한 계획 및 사전 대비가 얼마나 중요한지를 일깨워 주는데, 지진해일이 일어난 후 이 지역의 초등학생과 중학생 3천여 명은 대부분 무사하였다. 대피 당시 중학생들이 초등학생 손을 잡고 침착하게 대피하는 모습을 보고 사람들은 '가마이시시의 기적'으로 여겼지만, 이는 기적이 아니라 평소 구체적인 대피 지침을 만들어 놓고 반복적으로 대피훈련을 실시한 결과라고 할 수 있다(연합뉴스, 2017. 11. 19.). 실질적으로 가마이시시의 초등학교와 중학교에서는 시교육위원회가 만든 『지진해일 방재교육을 위한 안내서』에 따라 평상시에 방재교육을 진행해 왔는데, 이러한 방재교육이 실제 위기 시에 효력을 발휘한 것이다.

5

일본의 유아 재난안전교육프로그램 현황

일본의 경우 보육소, 유치원, 인정어린이원에서 유아를 대상으로 재난안전교육을 체계적으로 진행하고 있다. 여기에서는 일본의 히마와리 유치원과 모리야 인정어린이원의 사례를 통해 일본 영유아교육기관의 안전관리 근거와 안전관리 지휘권, 그리고 지진·지진해일 예방과 대응에 대해 살펴본다.

1) 일본 영유아교육기관의 재난안전관리 관련법

2011년 3월 11일 동일본 대지진과 지진해일로 일본 동북지방은 큰 피해를 입었다. 이러한 대규모 재난에도 불구하고 유치원과 보육소 영유아들은 모두 안전하게 대피하였다. 이를 계기로 일본 전역의 유치원과 보육소에서 '안전관리 매뉴얼' 또는 '위기관리 매뉴얼'을 재검토하고 정비하였다. '보육심리사회'에서도 재해지역 심리치료를 중심으로 한 지원활동을 통해 '안전관리 매뉴얼'과 '위기관리 매뉴얼'을 전면적으로 개

[그림 2-11] 일본 문부과학성의 학교방재 매뉴얼(지진·지진해일) 작성 지침서

출처: https://www.yna.co.kr/view/
AKR20171118048800004

정하여 전국의 보육심리사에게 이러한 내용을 제공하기 위해 긴급하게 '보육심리사통신'을 발행하였다(牧野桂一수, 西千春, 2012, 공병호, 2016에서 재인용).

일본에서는 원아의 건강한 발달을 고려하여 1958년에 「학교보건법」(법률 제56호)이 제정되었는데, 유치원은 1947년에 제정된 「학교교육법」(법률 제26호) 제1조에 규정한 '학교'에 포함된다. 2008년 6월 「학교보건법」에 안전에 관한 규정이 추가되어 「학교보건안전법」(법률 제73호)으로 명칭이 변경되었고, 2009년 4월부터 시행되었다(文部科学省, 2017, 공병호, 2016에서 재인용).

2) 일본 유치원의 재난안전관리 사례: 히마와리학원 부속 유치원

한국일본교육학회는 2011년 3월 11일 일본 동북지방에서 발생한 동일본대지진과 그로 인한 후쿠시마 원전사고를 계기로 더욱 강화된 일본의 재난방지 안전 안심 교육을 조명하기 위해 한국교육과정평가원과 공동으로 '일본의 안전 안심 교육: 학교·가정·지역을 중심으로'라는 주제로 연차학술대회를 개최하였고, 당시 논의된 다양한 발표내용을 선별·보완하여 『일본의 재난방지 안전 안심 교육』이라는 책을 발간하였다. 이 책에서는 일본의 유치원 사례를 중심으로 일본 유아교육기관에서의 안전교육에 대해 구체적으로 제시하였다(한용진 외, 2017). 여기에서는 이 책에 제시된 사례인 사이타마현(埼玉県) '학교법인 히마와리학원(ひまわり学園) 부속 유치원'의 안전교육 중 특히 지진·지진해일 안전교육의 실제에 대해 살펴보고자 한다.

일본의 유치원에서 시행되고 있는 안전·위기관리 매뉴얼은 각 유치원의 개별적인 특성을 반영하고 있어 전국적으로 통일된 매뉴얼은 존재하지 않으므로 각 유치원에서는 화재, 재해, 사고 등 모든 위기상황에 신속 정확하게 대응 또는 예방하기 위해 필요한 사항을 미리 규정해 두고 있다. 히마와리 유치원의 지진·지진해일 안전교육의 구체적인 내용은 다음과 같다(최순자, 2017).

(1) 지진·지진해일 예방과 대응: 실내

일본의 유치원과 보육소에서는 지진대책을 중심으로 위기관리 대책을 수립하고 있다. 히마와리 유치원에서는 지진과 지진해일이 발생할 경우에 대비하도록 평상시에 대피훈련을 실시한다. 대피훈련 시 대피통로 및 경로를 확인해 두고, 비상시 지참할 물건과 사용방법을 알아 둔다. 지진 발생 시 교직원의 역할 분담을 확인하고, 유아의 보호자에게는 긴급상황 발생 시 유치원의 대응방법과 대피소를 사전에 알려 주며, 부모로부터 학기 초에 휴대폰 번호 등 긴급연락처를 받아 둔다.

유치원 교실 등 실내에서 지진이 발생했을 경우 대피유도를 담당한 교사는 유아를 안심시킨 후 떨어지는 물건으로부터 몸을 보호하기 위해 유아에게 몸을 숙이도록 안내하고 긴급하게 대피시킨다. 대피유도와 구호를 담당한 교사는 지진으로 인해 넘어지기 쉬운 물건으로부터 유아가 떨어져 있도록 하고, 유아와 교직원은 책상 아래에서 흔들림이 멈출 때까지 기다린다. 교직원은 가능하면 빠르게 문을 열어 비상 출구를 확보한 다음, 흔들림이 멈추면 운동장으로 대피한 후, 전체 유아와 교직원의 안전을 확인하고 인원을 점검한다. 그다음에 초기 진화 담당과 정보전달 및 안내 담당자는 시설을 점검하여 원장에게 보고한다.

유아 유도 담당과 구호 담당 교사는 대피한 운동장에 앉아 기다리고, 안전이 확인될 때까지 시설 내에 들어가지 않는다. 초기진화 담당자는 화재 발생 위험이 있는 가스 등은 잠그고, 흔들림이 약해지면 가스밸브나 전기 배선 등을 확인한다. 정보 수집 담당 교사는 전체 유아와 교직원의 안전을 확인한 후 지진해일 등 2차 재난의 발생 가능성을 확인하고, 휴대용 라디오의 재난 관련 정보를 청취하여 원장에게 보고한다.

(2) 지진·지진해일 예방과 대응: 실외 및 등·하원 시

유치원의 실외공간인 운동장에서는 유아가 벽이나 건물에서 멀리 떨어져 있도록 안내한다. 가능하면 유아가 운동장 중앙에 앉도록 하고 안심을 시킨 후 흔들림이 약해질 때까지 기다린다. 대피한 장소에서 흔들림이 약해지면, 담임교사는 교실 내에 있던 유아들의 안전을 확인하고 운동장의 대피처로 이동시킨 다음 인원을 점검한다.

유치원 외부의 인근 공원에서 지진이 발생했을 경우에는 흔들림을 느끼는 즉시 유아들을 모으고, 벽이나 건물에서 멀리 떨어져 있도록 하고 흔들림이 약해질 때까지 기다린 다음 인원을 파악한다. 휴대전화로 유치원에 연락하고 필요한 경우 유치원에 지원을 요청한다. 유치원으로 돌아가는 것이 위험하다고 판단될 경우 안전한 대피장소에서 대기하고, 유치원에 돌아갈 수 있는 안전한 상황이 확인되면 신중하게 유치원으로 돌아간다(최순자, 2017).

소풍이나 견학은 사전답사 시 목적지의 상황을 파악하고 안전한 대피장소를 확인해 둔다. 소풍이나 견학 시 지진이 발생할 경우 유아의 안전을 우선적으로 생각하고 침착하게 대응한다. 진행 중인 활동을 중단하고, 유아의 안전을 확보한 후 휴대전화로 유치원에 연락한다. 재난상황에 따라 지원을 요청하고 유치원으로 돌아오며, 연락이 되지 않을 경우 현장 지휘자의 판단에 따라 행동한다.

등·하원 시간에는 서로 다른 연령의 유아가 동시에 출입하고, 보호자도 함께 출입하여 혼잡하다는 점을 고려해야 한다. 등·하원 시 지진이 발생할 경우 유아와 함께 있는 보호자에게 협력을 요청해 가정으로 되돌아가서 대피하도록 안내한다. 원장은 재난상황에 따라 유치원 업무가 가능한지를 판단하여 유치원 등원 여부를 안내한다. 버스로 하원하는 동안 지진이 발생했을 경우 유아의 안전을 최우선으로 생각하고 침착하게 행동하며, 버스 운행을 중단하고 유아의 안전을 확보한 다음, 휴대전화로 유치원에 연락한다. 재난상황에 따라 지원을 요청하고 유치원으로 돌아온다.

(3) 지진·지진해일 발생 시 대피

　담장과 건물이 붕괴되거나 화재 위험이 있는 경우 지정된 대피소(초등학교)로 대피한 후 대피소에서 유아를 보호한다. 이때 원장은 유치원 입구나 게시판에 대피장소를 게시하여 보호자에게 대피장소가 전달될 수 있도록 한다. 교직원은 남아 있는 유아의 인원수와 그 밖에 필요한 사항을 기록하여 원장에게 보고한다. 유치원에서 보호한 지 24시간이 경과하여도 부모와 연락이 되지 않는 유아의 경우 제2대피소로 이동시킨다. 유치원 또는 유치원 인근에 화재가 발생한 경우, 지진해일이 발생할 가능성이 있는 경우, 유치원의 피해가 큰 경우로 판단되면 제2대피소와 행정기관에서 안내하는 재해대피소로 대피한다.

　유치원 이외의 장소로 대피할 경우 인근 초등학교나 행정기관이 사전에 지정한 대피소로 대피한다. 평소에 대피경로를 파악해 둔 후 유아를 안전하게 이동시키며, 가능하면 앞뒤로 교직원을 배치하여 이동한다. 또한 대피할 때에는 유아의 안전을 우선적으로 고려하고, 출석부와 비상시 휴대물품을 가지고 이동한다. 지진해일이 발생할 가능성이 있을 경우, 인근 아파트 옥상에 일시적으로 대피하고, 지진해일이 발생한 경우 짧은 시간 내에 밀려올 수 있기 때문에 상황을 확인하면서 신속하게 대피한다. 유치원을 떠날 경우는 유아를 데리러 오는 보호자가 알 수 있도록 정문 및 건물에 이동장소를 반드시 게시한다.

3) 일본 인정어린이원의 재난안전관리 사례: 모리야 인정어린이원

　　일본의 영유아교육기관은 보육소, 유치원, 그리고 보육소와 유치원을 일원화한 인정어린이원으로 구분된다. 앞서 살펴본 히마와리 유치원과 함께 여기에서는 일본 모리야 인정어린이원의 지진대응 매뉴얼을 살펴본다. 모리야 인정어린이원 홈페이지에 제시된 지진대응 매뉴얼에는 장소 및 상황에 따라 체계적인 대응절차가 제시되어 있다. 먼저, 일과 중 또는 연장보육 시 보육실에서의 지진대응을 교사와 유아의 대응으로 구분하여 다음과 같이 제시하고 있다.

[그림 2-12] 모리야 인정어린이원 홈페이지 화면

출처: http://moriya-youho.wakaba-gakuen.ed.jp/bosai

〈표 2-5〉 일본 모리야 인정어린이원의 지진 발생 시 대응: 보육실

지진 발생	교사의 대응	유아의 대응
유아의 안전 우선 확보	• 출구를 확보한다. • 유아의 안전을 확보하기 위해 정확하게 안내한다. "머리를 숙이세요." "책상 밑으로 들어가세요." "선생님이 함께 있으니까 괜찮아요." "선생님 옆으로 오세요." • 보육실에서는 담요, 방재용 방석 등의 물건으로 머리를 보호하여 낙하물이 없는 장소로 모이게 한다. • 화재 등 2차 재난이 발생하지 않도록 한다.	• 책상 아래에 숨는다. • 유아는 방재용 방석으로 머리를 보호하고 자세를 낮춘다. • 영아는 교사가 끌어안아 담요로 머리나 상체를 보호한다. • 교사 옆으로 모인다. • 유아가 불안해하지 않도록 안심시킨다.
실외놀이터 또는 인근 공원 등 안전한 장소로 대피	• 대피장소를 정확하게 안내한다. "머리를 보호하세요." "실외놀이터로 이동하세요." • 안전이 확보될 때까지 대피장소에서 움직이지 않도록 안내한다. • 대피경로 및 장소의 안전을 확인한다. • 휴대용 확성기로 대피를 안내한다.	• 모든 유아가 대피하도록 안내한다. • 조용히 하도록 안내한다. • 가까이 있는 물건으로 머리를 보호하고 대피하도록 한다.
지정된 대피장소로 이동	• 영아를 대피시킬 때는 영아에게 맞는 장비(유모차 등)를 이용한다. • 화장실, 보육실, 복도의 사각지대에 유아가 남아 있지 않은지 확인한다. • 전체 인원을 확인하고, 안전한 장소로 유도하여 자리 잡게 한다. • 출석부와 인계카드를 지참한다.	• 지역주민과 협력하여 대피를 유도하고, 부상자를 이송한다. • 안심하도록 말을 건다. • 불안해하는 유아의 경우 옆에서 살펴본다. • 유아의 건강상태를 확인하면서 이동한다.
대피 후의 대응	• 대피 인원을 점검한다. • 부상자를 확인하고 응급처치한다. • 원장 부재 시 원장에게 연락한다. • 관련기관에 연락한다.	
보호자에게 연락 및 인계	• 인계카드를 준비한다. • 보호자와 연락이 되지 않는 경우 원내 대피장소에서 보호한다.	

출처: 일본 모리야 인정어린이원 홈페이지(http://moriya-youho.wakaba-gakuen.ed.jp/bosai).

〈표 2-6〉 일본 모리야 인정어린이원의 지진 발생 시 대응: 실외

지진 발생	교사의 대응	유아의 대응
유아의 안전 우선 확보	• 유아의 안전을 확보하기 위해 정확하게 안내한다. "머리를 숙이세요." "선생님이 함께 있으니까 괜찮아요." "선생님 옆으로 오세요." • 낙하물이 없는 장소에 모여서 머리를 보호하도록 한다. • 고정 놀이기구에 있는 유아는 빨리 내려오도록 한다.	• 유아는 방재용 방석으로 머리를 보호하고 자세를 낮춘다. • 영아는 교사가 끌어안아 담요로 머리나 상체를 보호한다. • 교사 옆으로 모인다. • 유아가 불안해하지 않도록 안심시킨다.
실외놀이터 또는 인근 공원 등 안전한 장소로 대피	• 대피장소를 정확하게 안내한다. "보육실 안에 있는 사람은 밖으로 나오세요." "머리를 조심하세요." "괜찮으니 안심하세요." • 안전이 확보될 때까지 대피장소에서 움직이지 않도록 안내한다. • 화장실, 보육실, 복도의 사각지대에 유아가 남아 있지 않은지 확인한다. • 대피경로 및 장소의 안전을 확인한다. • 휴대용 확성기로 대피를 안내한다.	• 모든 유아가 대피하도록 안내한다. • 조용히 하도록 안내한다. • 가까이 있는 물건으로 머리를 보호하고 대피하도록 한다.
지정된 대피장소로 이동	• 영아를 대피시킬 때는 영아에게 맞는 장비(유모차 등)를 이용한다. • 전체 인원을 확인하고, 안전한 장소로 유도하여 자리 잡게 한다. • 출석부와 인계카드를 지참한다.	• 지역주민과 협력하여 대피를 유도하고, 부상자를 이송한다. • 안심하도록 말을 건다. • 불안해하는 유아의 경우 옆에서 살펴본다. • 유아의 건강상태를 확인하면서 이동한다.
대피 후의 대응	• 대피 인원을 점검한다. • 부상자를 확인하고 응급처치한다. • 원장 부재 시 원장에게 연락한다. • 관련기관에 연락한다.	
보호자에게 연락 및 인계	• 인계카드를 준비한다. • 보호자와 연락이 되지 않는 경우 원내 대피장소에서 보호한다.	

출처: 일본 모리야 인정어린이원 홈페이지(http://moriya-youho.wakaba-gakuen.ed.jp/bosai).

〈표 2-7〉 일본 모리야 인정어린이원의 지진 발생 시 대응: 낮잠시간

지진 발생	교사의 대응	유아의 대응
유아의 안전 우선 확보	● 출구를 확보한다. ● 유아의 안전을 확보하기 위해 정확하게 안내한다. "담요를 쓰세요." "머리를 조심하세요." "선생님이 있으니까 괜찮아요." ● 보육실에서는 담요, 방재용 방석 등의 물건으로 머리를 보호하여 낙하물이 없는 장소로 모이게 한다. ● 화재 등 2차 재난이 발생하지 않도록 한다.	● 유아는 방재용 방석으로 머리를 보호하고 자세를 낮춘다. ● 영아는 교사가 끌어안아 담요로 머리나 상체를 보호한다. ● 낮잠 자는 유아를 깨운다. ● 교사 옆으로 모인다. ● 유아가 불안해하지 않도록 안심시킨다.
실외놀이터 또는 인근 공원 등 안전한 장소로 대피	● 대피장소를 정확하게 안내한다. "담요에서 나오지 마세요." "안심하고 밖으로 나가세요." "밖으로 나가세요." ● 안전이 확보될 때까지 대피장소에서 움직이지 않도록 안내한다. ● 대피경로 및 장소의 안전을 확인한다. ● 휴대용 확성기로 대피를 안내한다.	● 모든 유아가 대피하도록 안내한다. ● 조용히 하도록 안내한다. ● 가까이 있는 물건으로 머리를 보호하고 대피하도록 한다.
지정된 대피장소로 이동	● 영아를 대피시킬 때는 영아에게 맞는 장비(유모차 등)를 이용한다. ● 화장실, 보육실, 복도의 사각지대에 유아가 남아 있지 않은지 확인한다. ● 전체 인원을 확인하고, 안전한 장소로 유도하여 자리 잡게 한다. ● 출석부와 인계카드를 지참한다.	● 지역주민과 협력하여 대피를 유도하고, 부상자를 이송한다. ● 안심하도록 말을 건다. ● 불안해하는 유아의 경우 옆에서 살펴본다. ● 유아의 건강상태를 확인하면서 이동한다.
대피 후의 대응	● 대피 인원을 점검한다. ● 부상자를 확인하고 응급처치한다. ● 원장 부재 시 원장에게 연락한다. ● 관련기관에 연락한다.	
보호자에게 연락 및 인계	● 인계카드를 준비한다. ● 보호자와 연락이 되지 않는 경우 원내 대피장소에서 보호한다.	

출처: 일본 모리야 인정어린이원 홈페이지(http://moriya-youho.wakaba-gakuen.ed.jp/bosai).

〈표 2-8〉 일본 모리야 인정어린이원의 지진 발생 시 대응: 산책 또는 현장학습

지진 발생	교사의 대응	유아의 대응
진동이 멈출 때까지 유아의 안전 우선 확보	• 유아의 안전을 확보하기 위해 정확하게 안내한다. "머리를 숙이세요." "머리를 조심하세요." "선생님이 있으니까 괜찮아요." • 지형이나 상황을 판단하고, 낙하물이 없는 장소에 모여서 머리를 보호하게 한다. • 교통수단을 이용하고 있거나 기관을 방문하고 있는 경우 관계자의 지시를 따른다.	• 유아는 방재용 방석으로 머리를 보호하고 자세를 낮춘다. • 영아는 교사가 끌어안고 담요로 머리나 상체를 보호한다. • 낮잠 자는 유아를 깨운다. • 교사 옆으로 모인다. • 유아가 불안해하지 않도록 안심시킨다.
대피장소 확보 및 안내	• 대피방법을 정확하게 안내한다. "선생님 옆으로 오세요." "머리를 조심하세요." "다친 사람은 없어요?" • 유아의 안전을 확인할 때까지 그 장소에서 움직이지 않도록 지도한다. • 대피경로 및 장소의 안전을 확인한다. • 휴대용 확성기로 대피를 안내한다.	• 모든 유아가 대피하도록 안내한다. • 조용히 하도록 안내한다. • 가까이 있는 물건으로 머리를 보호하고 대피하도록 한다.
가장 가까운 안전한 장소로 대피 및 유아의 안전 확인	• 인원을 확인하고 가장 가까운 안전한 장소로 대피를 유도한다. • 낙하물로 인해 다치지 않도록 한다. • 땅이 갈라진 통로, 넘어진 전신주, 끊어진 전선 등에 가까이 가지 않도록 지도한다.	• 지역주민과 협력하여 대피를 유도하고, 부상자를 이송한다. • 안심하도록 말을 건다. • 불안해하는 유아의 경우 옆에서 살펴본다. • 유아의 건강상태를 확인하면서 이동한다.
유치원 연락 및 대피 후의 대응	• 인원을 점검한다. • 부상자를 확인하고 응급처치를 한다. • 원장에게 상황을 보고하고 대응을 결정한다.	• 원으로 돌아가는 것이 위험하다고 판단될 때는 안전한 대피장소에서 대기하고 원장과 연락한다.
보호자에게 연락 및 인계	• 보호자에게 상황을 전달한다. • 인계카드를 준비한다. • 보호자와 연락이 되지 않는 경우 원내 대피장소에서 보호한다. • 현장학습의 경우 대피장소를 사전에 확인한다.	• 산책 등 원 밖으로 나갈 때는 비상용품을 지참한다.

출처: 일본 모리야 인정어린이원 홈페이지(http://moriya-youho.wakaba-gakuen.ed.jp/bosai).

〈표 2-9〉 일본 모리야 인정어린이원의 지진 발생 시 대응: 수영장 또는 물놀이

지진 발생	교사의 대응	유아의 대응
진동이 멈출 때까지 유아의 안전 우선 확보	● 유아의 안전을 확보하기 위해 정확하게 안내한다. "수영장에서 나오세요." "수영장 가장자리의 손잡이를 잡으세요." "선생님이 있으니까 괜찮아요." "선생님 옆으로 오세요." ● 유아를 수영장 밖으로 내보낸다. ● 목욕수건 등으로 몸을 보호하도록 한다. ● 수영장에 남아 있는 유아가 없는지 확인한다.	● 수영장에서 혼자 나올 수 없는 유아를 도와준다. ● 유아는 목욕수건 등으로 머리를 보호하고 자세를 낮추도록 한다. ● 영아는 교사가 끌어안아서 담요 등으로 머리나 상체를 보호한다. ● 교사 옆으로 모인다. ● 유아가 불안해하지 않도록 말을 걸어 안심시킨다.
대피장소 확보 및 안내	● 대피방법을 정확하게 안내한다. "괜찮아, 선생님이 있으니까." "머리를 조심하세요." "선생님 옆으로 오세요." "수영장 밖으로 이동하세요." ● 유아의 안전을 확인할 때까지 그 장소에서 움직이지 않도록 지도한다. ● 대피경로 및 장소의 안전을 확인한다. ● 휴대용 확성기로 대피를 안내한다.	● 모든 유아가 대피하도록 안내한다. ● 조용히 하도록 안내한다. ● 목욕수건 등으로 머리를 보호하고 대피하도록 한다.
지정 대피장소로 이동 후 안전 확인	● 영아를 대피시킬 때는 영아에게 맞는 장비(유모차 등)를 이용한다. ● 전체 인원을 확인하고, 안전한 장소로 유도하여 자리 잡게 한다. ● 출석부와 인계카드를 지참한다.	● 지역주민과 협력하여 대피를 유도하고, 부상자를 이송한다. ● 안심하도록 말을 건다. ● 불안해하는 유아의 경우 옆에서 살펴본다. ● 유아의 건강상태를 확인하면서 이동한다.
대피 후의 대응	● 대피 인원을 점검한다. ● 부상자를 확인하고 응급처치한다. ● 원장 부재 시에는 원장에게 연락한다. ● 관련 기관에 연락한다.	● 원으로 돌아가는 것이 위험하다고 판단될 때는 안전한 대피장소에서 대기하고 원장과 연락한다.
보호자에게 연락 및 인계	● 인계카드를 준비한다. ● 보호자와 연락이 되지 않는 경우 원내 대피장소에서 보호한다.	● 수영복을 입은 채로 대피했을 경우 담요 등으로 몸을 보호한다.

출처: 일본 모리야 인정어린이원 홈페이지(http://moriya-youho.wakaba-gakuen.ed.jp/bosai).

⟨표 2-10⟩ 일본 모리야 인정어린이원의 지진 발생 시 대응: 통학버스 승차 중

지진 발생	교사의 대응	유아의 대응
진동이 멈출 때까지 유아의 안전 우선 확보	• 지형이나 상황을 판단하고, 붕괴나 낙하물 등의 위험이 없는 안전한 장소에 버스를 정차시킨다. • 유아의 안전을 확보하기 위해 정확하게 안내한다. "머리를 조심하세요." "선생님이 있으니까 괜찮아요."	• 가까이 있는 물건으로 머리를 보호하고 자세를 낮추도록 한다. • 교사 옆으로 모인다. • 유아가 불안해하지 않도록 안심시킨다.
안전한 대피장소 확보 및 안내, 대피장소로 이동 후 안전 확인	• 유아의 안전을 확보하기 위해 정확하게 안내한다. "다친 사람 없어요?" "머리 조심하세요." "괜찮으니 당황하지 말아요." • 유아의 안전을 확인할 때까지 그 장소에서 움직이지 않도록 지도한다. • 가장 가까운 대피장소를 선택한다. • 대피경로 및 장소의 안전을 확인한다. • 낙하물로 인해 다치지 않도록 한다. • 땅이 갈라진 통로, 넘어진 전신주, 끊어진 전선 등에 가까이 가지 않도록 지도한다. • 인원을 확인하고 대피를 유도한다.	• 모든 유아가 대피하도록 안내한다. • 조용히 하도록 안내한다. • 머리를 보호하고 대피하도록 한다.
유치원 연락 및 대피 후 대응	• 인원을 점검한다. • 부상자를 확인하고 응급처치한다. • 원장에게 상황을 보고하고 대응을 결정한다.	• 지역주민과 협력하여 대피를 유도하고, 부상자를 이송한다. • 안심하도록 말을 건다. • 불안해하는 유아의 경우 옆에서 살펴본다. • 유아의 건강상태를 확인하면서 이동한다.
보호자에게 연락 및 인계	• 인계카드를 준비한다. • 보호자와 연락이 되지 않는 경우 원내 대피장소에서 보호한다. • 통학버스 운행경로가 기록된 방재맵, 통학버스 이용 유아의 명부, 휴대폰을 준비한다.	• 유치원으로 돌아가는 것이 위험하다고 판단될 때는 안전한 대피장소에서 대기하고 원장과 연락한다.

출처: 일본 모리야 인정어린이원 홈페이지(http://moriya-youho.wakaba-gakuen.ed.jp/bosai).

〈표 2-11〉 일본 모리야 인정어린이원의 지진 발생 시 대응: 등·하원 중

지진 발생	교사의 대응	유아의 대응
안전한 대피장소 확보 및 안내, 대피장소로 이동 후 안전 확인	● 건물 내(화장실, 보육실, 복도 등)나 외부에 유아가 남아 있지 않은지 확인한다. ● 가능한 한 시설 주변을 돌아보고 안전을 확인한다. ● 유아가 보호자와 함께 있는 경우 보호자도 같이 대피시킨다.	〈도보, 자전거 이용〉 ● 머리나 상반신을 보호하고 자세를 낮춘다. ● 건물, 담장, 유리창, 자판기에서 멀리 떨어진다. 〈자동차 이용〉 ● 차를 길가에 붙여서 정차시킨다.
지정된 대피장소에서 보호자에게 인계	● 영아를 대피시킬 때는 영아에게 맞는 장비(유모차 등)를 이용한다. ● 전체 인원을 확인하고, 안전한 장소로 유도하여 자리 잡게 한다. ● 출석부와 인계카드를 지참한다. ● 인원을 점검한다. ● 부상자를 확인하고 응급처치한다. ● 원장에게 상황을 보고하고 대응을 결정한다. ● 관련기관에 연락한다.	● 진동이 멈추면 근처의 대피장소로 이동한다. ● 시동을 켠 상태 그대로 차에서 내려서 대피한다.
유아에 관한 정보 취합 및 관계기관에 보고	● 유아, 교사의 피해 및 대피상황과 유치원의 피해상황에 관한 정보를 취합한다.	● 원으로 돌아가는 것이 위험하다고 판단될 때는 안전한 대피장소에서 대기하고 원장과 연락한다.

출처: 일본 모리야 인정어린이원 홈페이지(http://moriya-youho.wakaba-gakuen.ed.jp/bosai).

〈표 2-12〉 일본 모리야 인정어린이원의 지진 발생 시 대응: 휴일, 야간

지진 발생	교사의 대응	유아의 대응
대피하여 유치원에 모임	● 자신의 안전을 확보한다. ● 가족의 안전을 확인한다. ● 가족 안부 확인 후 유치원이나 지정된 대피장소에 모인다.	〈가정에 있는 경우〉 ● 머리나 상반신을 보호하고 자세를 낮춘다. 〈도보, 자전거 이용의 경우〉 ● 머리나 상반신을 보호하고 자세를 낮춘다. ● 건물, 담장, 유리창, 자판기로부터 떨어진다. 〈자동차 이용의 경우〉 ● 차를 길가에 붙여서 정차시킨다.
유아 및 교사의 안부 확인, 가정 및 대피장소의 피해상황 파악	● 유아와 보호자의 안부를 확인한다. ● 교사의 안부를 확인한다. ● 건물이나 주변의 피해상황을 확인한다.	● 지정된 대피장소로 대피한다. ● 지진해일 위험지역에서는 높은 건물로 신속하게 대피한다. ● 안전이 확인될 때까지 대피장소에서 이동하지 않는다.
유아에 관한 정보 취합 및 관계기관에 보고	● 유아, 교사의 피해 및 대피상황과 원의 피해상황에 관한 정보를 취합한다.	

출처: 일본 모리야 인정어린이원 홈페이지(http://moriya-youho.wakaba-gakuen.ed.jp/bosai).

〈표 2-13〉 일본 모리야 인정어린이원의 지진 발생 시 대응: 보호자 인계방법

지진 발생	교사의 대응	보호자의 대응
피해상황 및 주변 상황 파악, 하원 여부 판단	● 시설 피해상황 확인 ● 위험장소의 출입금지 조치 ● 통학로와 주변 피해상황 파악 ● 주변 시설의 피해, 교통수단 등의 상황 파악	● 가정에서 유아를 인계할 보호자의 우선순위를 정해 둔다. (인계카드에서 확인)
보호자에게 연락	〈전화, 인터넷 사용 가능한 경우〉 ● 메일 송신 ● 전언다이얼(171) 이용 〈전화, 인터넷 사용이 불가능한 경우〉 ● 대피장소로 직접 마중 오도록 요청	● 버스캐치, 마마렌을 통해 연락한다. ● 전언다이얼(171)을 이용하여 정보를 확인 및 제공한다.
인계방법	● 인계카드로 확인하여 인도 ● 인계카드에 보호자와 교사가 함께 서명	● 인계 지정장소로 지정된 대피장소로 직접 마중 나간다. ● 인계카드에 서명한다.

※ 구체적인 인계방법은 다음과 같다.

(1) 유아를 대피장소에 집합시킨다. 보호자는 인계장소의 지정된 곳에서 대기한다.

  (유아의 인원수 및 안전 확인 종료 시까지)

(2) 휴대용 확성기를 이용하여 안내한 후 인계를 시작한다.

  ● 인계카드를 기반으로 인계자를 확인하고 유아를 인계한다.

  ● 형제자매가 모두 재원 중인 경우 나이가 어린 유아부터 인계한다.

  ● 다친 유아에 대해서는 보호자에게 상황을 설명하고 인계한다.

(3) 보호자에게 연락이 닿지 않는 경우 유아를 계속 보호하고, 이 경우 유아의 심리적 안정을 유지하도록 노력한다.

출처: 일본 모리야 인정어린이원 홈페이지(http://moriya-youho.wakaba-gakuen.ed.jp/bosai).

모리야 인정어린이원 지진대응 매뉴얼에는 지진 발생 시 유아의 심리적 안정을 위한 구체적인 대응방안이 포함되어 있다. 재난발생으로 인해 유아에게 강한 스트레스가 가해지면 신체적 문제뿐만 아니라 심리적 측면에서도 문제가 발생할 수 있다. 따라서 재난발생 직후부터 재난을 경험한 유아의 심리적 안정을 위한 심리지원 프로그램을 제공할 필요가 있다. 재난피해 유아에게 적절한 심리적 지원을 제공하기 위해 전문기관이나 의료기관과 연계하는 것도 중요하다.

일차적으로 지진 발생 시 유아가 보호자를 만날 때까지 느낀 불안감을 줄이기 위해 교사가 따뜻한 마음으로 유아에게 반응하여 유아가 용기를 내도록 돕는다. 지진 발생으로 인해 유아는 외상후스트레스장애(PTSD)를 경험할 수 있다. 구체적으로 재난 장면의 꿈을 반복해서 꾸거나, 흥미 감소, 건망증, 집중력 결핍 등의 증상이 나타나고, 두통, 복통, 식욕부진 등의 생리적 반응을 보인다. 이 경우 교사는 보호자에게 유아가 전문가의 상담을 받도록 추천한다.

〈표 2-14〉 일본 모리야 인정어린이원의 지진 발생 시 대응: 지진 피해 유아의 증상 및 대응

시기	증상	대응
재난발생 2~3일 후: 급성 반응기	불안과 공포를 강하게 호소하고 우울, 불안감, 과잉활동 등의 증상이 두드러지게 나타난다.	유아가 안전하게 지낼 장소나 상황을 확보한다. 외상에 대해 치료한다. 식료품 등을 확보한다.
재난발생 1주 경과: 신체 반응기	두통, 복통, 구토 등의 신체적 증상이 나타난다.	신체검사를 실시하여 필요한 처치를 제공한다. 부드럽게 말을 걸거나 안아 주는 등 유아를 안심시킨다. 원래 상태로 반드시 돌아간다는 사실을 알려 주어 안심시킨다.
재난발생 1개월 후: 외상후 스트레스장애 (PTSD)	재난 장면의 꿈을 반복해서 꾼다. 흥미 감퇴, 건망증, 집중력 결핍 등이 나타난다. 신경이 예민해져 초조한 모습을 보인다. 두통, 복통, 식욕부진 등의 생리적 반응이 나타난다. 잠을 잘 자지 못한다.	초기에 의사나 상담사 등 전문가 진료를 권유한다. 유아의 말을 듣고 공감해 준다. 원래 상태로 반드시 돌아간다는 사실을 알려 주어 안심시킨다. 친구와 놀거나 이야기할 기회를 제공한다.
재난발생 수개월 후: 후발성 외상후 스트레스장애 (PTSD)	수개월 후에 PTSD의 증상이 나타난다.	보호자와 연계하여 평상시 유아의 행동을 관찰하고, 증상이 나타난 경우 유아의 이야기를 들어주어 안심시킨다. 의사나 상담사 등 전문가의 진료를 권유한다.
재난발생일 대응	재난이 발생했던 날이 다가오면 불안해 하는 등 여러 가지 반응이 나타난다.	보호자와 연계하여 유아의 불안을 감소시킨다.

출처: 일본 모리야 인정어린이원 홈페이지(http://moriya-youho.wakaba-gakuen.ed.jp/bosai).

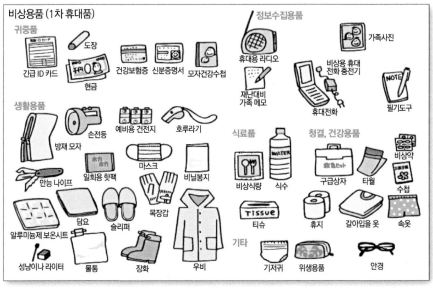

영아 보육실 (담임교사)	유아 보육실 (담임교사)	담임 이외 교직원
• 출석부 • 방재 지도 • 우유병 • 생수 • 갈아입을 옷, 기저귀 • 티슈 · 물티슈 • 비닐봉투 • 수건 • 필기용품 • 호루라기 • 손전등 • 보육실용 구급상자 • 방재 모자	• 출석부 • 방재 지도 • 갈아입을 옷 • 티슈 · 물티슈 • 비닐봉투 • 타월 • 필기용품 • 호루라기 • 손전등 • 보육실용 구급상자 • 방재 모자 • 로프 • 시계	• 비상연락망 • 인계카드 • 방재 지도 • 필기용품 • 티슈 · 물티슈 • 비닐봉투 • 타월 • 현금 • 구급상자 • 손전등 • 휴대전화 · 충전기 • 호루라기 • 라디오 • 관련기관 연락처 목록

[그림 2-13] 모리야 인정 어린이원의 비상물품 목록

지금까지 일본 히마와리 유치원의 '위기관리 매뉴얼'과 모리야 인정어린
이원의 '지진대응 매뉴얼'을 중심으로 일본 영유아교육기관에서의 안전과
위기관리에 대해 지진·지진해일을 중심으로 살펴보았다. 히마와리 유치
원과 모리야 인정어린이원에서는 각 상황별로 지진 발생 시 예방과 대응책
을 자세히 제시하고 있다. 지진 발생 시 담당자의 역할과 업무를 사전에 명
확하게 배정하고, 실제 지진 발생 시 각자 책임감을 갖고 역할을 할 수 있도
록 구체적으로 임무를 제시하고 있다.

일본의 재난안전관리 제도 및 정책의 시사점

일본의 재난관리체계와 재난심리지원체계는 한국의 재난관리체계와 재
난심리지원체계에 시사하는 바가 크다(이동훈 외, 2016). 먼저, 재난관리체
계가 제대로 실행되기 위해서는 실효성 있는 법제적 틀의 구축이 선행되어
야 하고, 재난발생 시 초기 대응은 지방자치단체의 역할이므로 지방자치단
체의 역량이 강화되어야 한다. 대규모 재난에 대한 초기 대응능력을 강화
하고 지방자치단체 간 상호지원체계를 구축하기 위해 중앙정부가 효과적
으로 대비할 수 있는 재난심리지원체계가 정비되고, 각 재난관리 주체 간
효율적인 의사소통 수단이 마련되어야 한다. 다음으로 재난심리지원체계
의 경우에는 일본의 마음케어센터와 같은 재난심리지원체계를 통한 정신

건강적 개입과 더불어 심리사회적 지원이 병행될 수 있는 체계가 구축되어야 하고, 재난심리지원체계 구축 및 활성화를 위해 관련 분야의 예산을 확대해야 하며, 재난관리활동에 대한 자료와 재난심리지원 개입 결과 등을 분석하는 과정을 통해 향후 발생 가능한 재난에 대한 대비책을 마련해야 함을 인식하고 실행해야 한다는 점을 우리나라 재난관리체계에 반영할 필요가 있다.

재난관리는 재난의 예방·대비·대응·복구의 전 과정을 포함하며, 중앙정부 및 지방자치단체 등이 이러한 재난관리를 담당한다. 우리나라의 경우 아직 재난발생 이전 단계인 예방·대비를 위한 정보분석이 부족한 상황이므로 예방적 차원의 대책이 상대적으로 소홀히 여겨지고 있다. 이처럼 재난관리의 구조적 문제가 존재하므로 재난관리에 있어 지방자치단체와 주민조직의 협력이 필수적이다. 일본의 경우 행정기관에 의한 공조(公助), 주민 스스로 지키는 자조(自助), 이웃, 민간조직, 자원봉사자 등의 협력에 해당하는 공조(共助), 그리고 행정과 시민이 함께 파트너가 될 수 있는 연합체 육성과 협조 체계 확보에 대한 필요성이 제기되고 있다(Masatsugu Nemoto, 2015).

우리나라의 경우 자연재난과 결합된 사회재난, 즉 복합재난으로 인한 피해 규모가 더 커지고 있으며, 발생빈도뿐만 아니라 특수재난지역 선포 등에 대해 정부와 주민 간 갈등도 증가하고 있다. 일본의 경우 이에 대비하기 위해 2011년 동일본 대지진 이후「재해대책기본법」에서 대응정책에 관한 내용을 개정하였다. 구체적으로, 방재의 개념에서 감재의 개념으로 전환하였고, 기초자치단체의 재난기능에 대한 광역지방자치단체와 중앙정부의 지원을 강화하였으며, 민간과의 파트너십을 강화하였다(임승빈, 2017).

일본의 재난분야 연구개발은 우리나라 재난분야 연구개발에 다음과 같은 점을 시사한다(이주영, 최수민, 2016). 먼저, 재난분야 연구개발은 구체적 목적과 수요를 가지고 진행되어야 하고, 예방과 대비에만 주력하는 재난관리에서 대응과 복구단계의 재난관리를 보강하여 재난을 전주기적으로 관리할 수 있도록 재난분야 연구개발의 흐름을 변화시켜야 한다. 또한 재난분야 연구개발은 과학기술과 인문사회 분야가 융합된 형태로 추진되어야 하고, 재난발생 이후에 재난분야 연구가 더 강조되어야 한다. 최근 들어 한국에서도 재난과 관련된 빅데이터를 확보하고, 재난정보 플랫폼이 구축되는 등 재난분야 연구개발에 변화가 일어나고 있다.

Chapter 3

한국의 재난안전관리
제도 및 정책

한국 재난관리체계의 역사적 변천

국내 재난안전관리 제도 및 정책을 구체적으로 파악하기 위해 먼저 우리나라 재난관리 행정의 역사를 살펴본다.

1) 한국 재난관리체계의 시기 구분

재난관리 조직과 정책은 대형재난의 발생 여부와 관련이 있으나, 우리나라 재난관리의 역사는 이 외에도 정권교체에 따른 조직개편과도 많은 관련이 있다. 여기서는 우리나라 재난관리의 역사를 소방방재청에서 펴낸 『재난관리 60년사』를 토대로 하여 살펴본다(소방방재청, 2009).

01	건설행정의 일환으로 추진된 재난관리 제1세대 (1948. 11. ~ 1991. 4.)	1.1 내무부 건설국(1948. 11. ~1961. 10.) 1.2 국토건설청(1961. 10. ~ 1962. 6.) 1.3 건설부(1962. 6. ~ 1991. 4.)
02	내무행정의 일환으로 추진된 재난관리 제2세대 (1991. 4. ~ 2004. 5.)	2.1 내무부(1991. 4. ~ 1998. 2.) 2.2 행정자치부(1998. 2. ~ 2004. 5.)
03	국가 재난관리전담조직의 운영을 시도한 재난관리 제3세대 (2004. 6. ~ 2014. 11.)	3.1 소방방재청과 행정자치부(2004. 6. ~ 2008. 2.) 3.2 소방방재청과 행정안전부(2008. 2. ~ 2013. 3.) 3.3 소방방재청과 안전행정부(2013. 3. ~ 2014. 11.)
04	국가 재난관리 기능을 강화한 재난관리 제4세대 (2014. 11. ~ 현재)	4.1 국민안전처((2014. 11. ~ 2017. 7.) 4.2 행정안전부(2017. 7. ~ 현재)

[그림 3-1] 우리나라 재난안전관리 행정 역사

출처: 소방방재청(2009).

2) 건설행정의 일환으로 추진된 재난관리 제1세대
(1948. 11. 4. ~ 1991. 4. 22.)

(1) 내무부 건설국(1948. 11. 4. ~ 1961. 10. 1.)

1948년 8월 15일 대한민국 정부수립 이후, 재난관리업무는 내무부 건설국에서 담당하였다. 이 시기의 재난관리는 비록 지방행정을 관장하는 내무부에서 담당하긴 했지만, 실제 내무부 소속의 건설부서에서 이를 담당함으로써 건설행정의 일환으로 시행되었다. 재난관리가 건설행정의 일환으로 추진되었던 이유는 재난관리의 중심이 태풍 등 자연재난 발생 후 원활한 복

구사업 추진을 위해서였다. 이 당시에는 재난관리에 관한 관계법령이 전혀 없는 상태에서 재해발생 이후 사안별로 국무회의의 의결을 거쳐 범부처적으로 지원하거나 선례에 준하여 각 부처에서 개별적으로 지원하는 등 혼란스러운 시기였다.

(2) 국토건설청(1961. 10. 2. ~ 1962. 6. 28.)

1961년 5 · 16 군사혁명으로 정부조직이 개편되면서 국민경제 부흥이라는 목적으로 1961년 7월 22일 경제기획원이 신설되었고 경제기획원장 산하에 국토건설청이 신설되었다. 그 직후 경북 영주와 전북 남원에 대규모 수해가 발생하여 국토건설청 산하에 임시로 영주수해복구사무소와 남원수해복구사무소가 설치되었다. 이때까지도 전반적인 재해대책 업무는 내무부의 토목국(건설국이 토목국으로 개편)에서 담당하였으나, 1961년 10월 2일 「정부조직법」의 개정으로 내무부 토목국이 국토건설청으로 흡수되면서 국토건설청 수자원국이 재해대책업무를 관장하게 되었다.

[그림 3-2] 국토건설청 포스터

출처: http://www.much.go.kr/
L/BTS3jx4KTs.do#none

(3) 건설부(1962. 6. 29. ~ 1991. 4. 22.)

1962년 6월 18일에는 경제기획원의 국토건설청을 해체하여 건설부로 확대 개편하는 것을 골자로 「정부조직법」이 개정되었다. 특히 1963년 7월 10일에는 건설부 수자원국에 방재과가 신설되면서, 정부부처에 재난관리를 전담하는 최초의 부서가 설치되었다.

1962년 3월 20일에는 재해발생 시 이재민 보호를 위해 당시 보건사회부 소관으로 「재해구호법」이 제정되었고, 1962년 6월 16일에는 「풍수해대책위원회 규정」이 공포되어 범부처적인 재해대책 추진의 발판이 만들어졌고, 1967년 2월 28일에는 우리 재난관리역사상 최초의 재난관리 법률이라고 할 수 있는 「풍수해대책법」이 제정되었다. 구체적으로 국토건설종합계획과의 조정하에 방재기본계획을 수립하도록 하고, 재해발생 시 재해응급대책을 총괄·조정하고 필요한 조치를 하기 위해 국무총리소속하에 중앙재해대책본부를 두도록 하는 내용 등을 포함하고 있다. 이에 따라 1968년 2월 28일에는 범정부적인 「방재기본계획」이 수립되어 향후 방재정책의 기본틀이 마련되었다.

1977년에는 방재기본계획의 수립 및 조사연구를 전담토록 하기 위하여 건설부 수자원국장 아래에 방재계획관을 신설하였다. 1984년 한강 대홍수, 1987년 태풍 '셀마(Thelma)' 및 중부지방 대홍수 이후 1987년 12월 15일에는 방재과가 방재계획과와 방재시설과로 확대되었다가 이후 2년간 재해가 소강상태를 보이자 1990년 3월 26일에는 이를 당시 방재과로 통합·축소하였다. 이후 방재조직의 확대와 축소는 이러한 재난발생 추이에 직접적인 영향을 받게 된다.

[그림 3-3] 1987년 태풍 셀마로 인한 피해 상황

방재조직이 축소된 1990년 중부지역에 발생한 호우로 수많은 수해가 발생하였고, 이와 관련하여 중앙재해대책본부의 기능을 보강하여 재난에 대한 종합관리의 기능을 강화하고 재해예방과 응급복구의 효율적인 수행을 위해 지방조직과 민방위조직을 갖고 있는 내무부로 방재업무가 전환되어야 한다는 지적이 제기되었다. 이에 따라 1991년 4월 23일 재해대책업무가 건설부에서 내무부로 이관되었다.

3) 내무행정의 일환으로 추진된 재난관리 제2세대
   (1991. 4. 23. ~ 2004. 5. 31.)

(1) 내무부(1991. 4. 23. ~ 1998. 2. 27.)

1990년 9월 중부지방에서 발생한 호우로 한강하류 일산제방 붕괴가 결정적 계기가 되어 1991년 4월 23일 재난관리업무가 건설부에서 내무부로 이관되면서 우리나라 재난관리행정은 과거 건설행정 중심에서 내무행정 중

심으로 변화하였다. 당시 건설부에서 방재업무를 담당하던 수자원국의 방
재과와 방재계획관을 폐지하고 이를 내무부로 이관하여, 당시 민방위국과
소방국으로 구성된 민방위본부로 편입되었고, 민방위국에 방재과과 방재
계획관으로 편제되었다. 이후 1994년 방재계획관을 방재국으로 확대·개
편하고 산하에 방재계획과, 방재대책과 및 재해복구과를 신설함으로써 최
초로 방재업무를 담당하는 국단위 조직이 탄생하였다.

  1995년 1월 17일 일본 고베에서 규모 7.2의 지진으로 대규모 피해가 발생
하자 우리 정부는 범정부적 「제1차 지진방재종합대책」을 마련하고 지진방
재대책을 법제화하기 위해 기존의 「풍수해대책법」을 폐지하고 「자연재해
대책법」을 제정하였다.

  1990년대의 재난관리역사 중 중요한 부분은 인적재난에 대한 범정부적
재난관리조직의 신설이다. 그동안 국가 재난관리는 주로 자연재해대책에
국한되었고 인적재난에 대한 중앙조직은 소관 부처별로 계단위의 조직에
서 담당하여 왔다. 하지만 1994년 성수대교 붕괴, 1995년 대구 지하철 공
사장 폭발 및 삼풍백화점 붕괴 등 각종 대형 인적재난 사고가 빈발함에 따
라 더 이상 재난사고를 방치할 수 없다는 국민적 공감대에 따라 1995년 7월
18일 인적재난에 관한 「재난관리법」을 제정하고 10월 19일 「정부조직법」
을 개정하여 국가재난관리조직을 보강하였다. 또한 자연재해·재난의 예
방, 방재정책의 연구 및 방재기술의 개발을 위해 국립방재연구소를 신설하
였고 긴급구조업무를 체계적으로 수행하기 위하여 중앙소방학교에 두었던
중앙119구조대를 별도의 소속기관으로 개편하였다.

(2) 행정자치부(1998. 2. 28. ~ 2004. 5. 31.)

1997년 말 IMF체제 이후 집권한 국민의 정부는 정부조직의 구조조정에 착수하여 1998년 총무처와 내무부를 행정자치부로 통합하고 내무부에서 관장하던 국가 재난관리 기능은 행정자치부로 흡수 통합하였다. 이 과정에서 국가 재난관리의 중요성을 인정하면서도 구조조정 과정에서는 재난관리부서가 축소·조정되었고, 1998년 이후 대형재난이 발생하지 않아 안전 분야에 대한 관심이 소홀해지게 되었다. 행정자치부가 출범한 1998년 2월 민방위국과 재난관리국을 통합하면서 재난관리국의 재난총괄과를 폐지하고 민방위재난관리국에 두었다. 1999년 5월에는 민방위재난관리국과 방재국이 민방위방재국으로 통합하면서 방재국을 없애는 대신 민방위방재국의 방재관으로 대체하고 기존 민방위재난관리국의 안전지도과를 폐지하였다. 1995년 인적재난에 대한 국가 재난관리업무를 수행하기 위해 신설되었던 국단위 조직이 4년이라는 짧은 기간에 결국 1개 과단위 조직으로 축소·개편되었다.

이후 1999년에 경기 및 강원 북부 등 일부 지역에서 국지성 집중호우가 발생하여 막대한 인명과 재산피해가 발생하자 대통령의 지시에 따라 대통령비서실 직속으로 수해방지대책기획단을 설치, 그간의 수해대책을 분석·평가하고 각계의 의견을 수렴하여 향후 10년간에 걸쳐 추진할 종합대책을 마련하였다. 그 후속조치로 자연재해업무의 추진체계를 개편하기 위하여 민방위방재국장 밑에 두던 방재관을 민방위재난통제본부장 직속으로 이동시켜 민방위방재국장의 분장사무 중 자연재해업무를 분리하여 관장하였으며, 이에 따라 민방위방재국의 명칭을 민방위재난관리국으로 변경하였다.

　　이후 2002년 8월 태풍 '루사(Rusa)'로 인해 막대한 재산피해와 인명피해가 발생하자 우리나라 전지역이 특별재해지역으로 선포되었다. 2003년 2월 18일에 발생한 대구 지하철 방화 사고로 인해 국가 재난관리의 총체적인 부실문제가 제기되어 2003년 국가 재난관리 전담기구 설치 및 국가 재난관리 종합대책 수립을 목적으로 행정자치부에 '국가 재난관리시스템 기획단'이 구성·운영되었다.

[그림 3-4] 2002년 태풍 루사로 인해 물에 잠긴 강릉

출처: https://news.joins.com/article/23594371

　　2004년 3월 11일 과거 「재난관리법」을 완전 대체하고 「자연재해대책법」의 일부 내용을 포함하는 한편, 재난의 범위에 에너지, 통신 등 국가기반체계의 마비 등으로 인한 피해를 포함하는 것을 주요내용으로 「재난 및 안전관리 기본법」을 제정·공포하였다. 이와 함께 기존 자연재난과 인적재난으

로 분리 운영되던 분야별 최고의사결정기구 및 비상대책기구가 통합되었는데, 기존 자연재난분야의 중앙재해대책위원회 및 중앙재해대책본부와 인적재난분야의 중앙안전대책위원회 및 중앙사고대책본부를 각각 국무총리가 위원장인 중앙안전관리위원회와 행정자치부장관이 본부장인 중앙재난안전대책본부로 일원화하고 주무부처에는 중앙사고수습본부를 두며, 소방방재청장이 단장인 중앙긴급구조통제단을 설치할 수 있도록 하였다.

4) 국가 재난관리전담조직의 운영을 시도한 재난관리 제3세대 (2004. 6. 1.~2014. 11.)

(1) 소방방재청과 행정자치부(2004. 6. 1.~2008. 2. 28.)

2004년 6월 1일 행정자치부 내의 기존 민방위재난통제본부를 소방방재청으로 승격시키는 매우 제한적인 조직개편이 이루어졌다. 기존 행정자치부 민방위재난통제본부 시기와 비교해 볼 때, 공통부서를 담당하는 인원을 제외하고는 거의 증원이 이루어지지 않았다. 또한 각종 법령제출권이 각부 장관에 있음을 감안하여 각종 제도기능은 행정자치부에 존치시키고 일반

[그림 3-5] 소방방재청 휘장

집행적 기능만을 소방방재청에 이관하는 수준의 불안전한 재난관리전담기관이 탄생하였다. 특히 전력, 통신 등 사회적 재난의 총괄·조정 기능과 관련하여 행정안전부가 그 업무를 맡게 됨에 따라 국가의 재난관리체계는 이원화될 수밖에 없었다. 따라서 이를 실질적인 국가 재난관리조직의 확대

라고 할 수는 없었다. 하지만 2005년 「자연재해대책법」이 전면개정되었고, 2006년 「풍수해보험법」이 제정되었으며, 2007년 「재해구호법」이 전면개정되었고, 2008년 「지진재해대책법」이 제정되는 등 이 기간 동안 많은 법률이 제·개정되었다.

이 시기에 또 하나 주목해야 할 사항은 국가안전보장회의(National Security Council: NSC)가 국가 재난관리에서 맡은 부분적 컨트롤타워로서의 역할인데, 국가안전보장회의 내에 설치된 위기관리센터가 안보 분야뿐 아니라 재난 분야를 포괄하는 총괄조정 기능을 수행했다는 점이다. 위기관리센터는 첨단화된 전자적 시스템을 구비하고 관련기관의 상황정보 네트워크와 연결하여 위기상황에 대해 실시간으로 대응할 수 있도록 노력하였다. 이를 통해 수집·종합한 징후와 상황에 대해서는 관련기관과 공동으로 평가하고 필요한 경우 해당경보(관심, 주의, 경계, 심각)를 발령할 수 있는 권한을 가졌고, 관계부처와 협조하여 자연 및 인적재난을 포함하여 국가차원에서 관리해야 할 위기 유형 33개를 선정하고 유형별로 표준화된 조치가 가능토록 하고 이를 유형별 매뉴얼에 반영하였다. 뿐만 아니라 이를 활용하여 대통령과 국가안전보장회의의 각종 의사결정기구의 상황판단 및 의사결정을 지원하는 체계를 구축하였다.

「재난 및 안전관리 기본법」 제정에 따라 많은 제도적 변화가 이루어졌다. 1977년부터 수립되어 온 자연재난분야의 '방재기본계획'과 1996년부터 수립되어 온 인적재난분야의 '국가재난관리계획'이 5년 주기의 '국가안전관리기본계획'으로 통합되어 중앙부처의 집행계획, 시·도 및 시·군·구의 '안전관리계획', 재난관리책임기관의 '세부집행계획'으로 수립하여 추진되었는데, 2005~2009를 목표연도로 하는 제1차 '국가안전관리기본계획'이 2004년 '중앙안전관리위원회'에서 심의·의결되었다.

(2) 소방방재청과 행정안전부(2008. 2. 29. ~ 2013. 3. 22.)

2008년 출범한 정부는 효율성과 통합성을 강조하는 '대부처주의'를 표방하고 '통합적 재난·안전관리체계 구축'을 국정과제로 확정하면서 재난관리체계의 통합을 추진하였다. 이 시기에 주목할 점은 행정안전부의 재난관리 권한 강화이다. 이전까지는 행정안전부에서 사회적 재난에 국한하여 총괄·조정기능을 가졌으나, 차관급의 비상기획위원회가 수행하던 비상대비 업무 기능을 흡수하여 국장급의 안전정책관실을 실장급의 재난안전실로 확대개편하였다. 이를 통해 행정안전부는 재난 및 안전, 민방위, 비상대비 업무 분야의 정부 업무 전반에 대한 총괄 및 통합지원 기능을 전담하게 된다. 이는 군사적 성격의 민방위, 비상대비 기능을 재난·안전 기능과 통합하려는 시도로서 미국의 국토안보부 설립 등과 같이 위기관리분야의 통합조직을 만드는 전 세계적 흐름과 일치한다. 하지만 소방방재청의 역할은 상대적으로 축소되었다.

(3) 소방방재청과 안전행정부(2013. 3. 23.~2014. 11.)

이 시기 정부는 5대 국정목표의 4번째로 '안전과 통합의 사회'를 세우고 국정전략으로 '재난·재해 예방 및 체계적 관리'를 세웠을 정도로 안전을 강조하였다. 이를 위해 기존 행정안전부의 명칭을 안전행정부로 변경하였고, 국민안전대책뿐만 아니라 범부처적인 안전정책실무회의를 정기적으로 개최하여 국민안전의 중요성을 강조하였다.

하지만 안전행정부의 기능강화는 국가재난관리전담기관으로 출범한 소방방재청의 기능을 약화시켰다. 2014년 4월 16일 세월호 참사 이후 안전행정부의 재난안전관리 컨트롤타워로서의 역량이 비판을 받자 안전행정부의 재난안전기능을 완전히 분리하여 소방방재청과 통합하고, 당시 해양경찰

청에서 수사 · 정보기능을 제외한 구조 · 구난 · 경비기능을 포함하는 장관
급의 국민안전처 창설을 선언하였다.

5) 국가 재난관리 기능을 강화한 재난관리 제4세대(2014. 11.~현재)

2014년 11월 안전행정부에서 인사혁신처와 국민안전처가 분리되면서 안
전행정부는 행정자치부로 재개편되었다. 2017년 7월 「정부조직법」 개정에
따라 국민안전처를 해체하면서 안전 및 재난과 관련된 업무를 행정자치부
가 이양받았고, 명칭도 행정안전부로 변경되었다.

[그림 3-6] 제4차 국가안전관리 기본계획(2020~2024년)

출처: 행정안전부(2019).

2
한국의 재난관리 조직 및 지휘체계

우리나라의 경우 재난관리 조직 및 지휘체계는 중앙정부와 지방자치단체로 구분하여 살펴볼 수 있다.

1) 중앙정부

우리나라는 대규모 재난의 대응, 복구 등에 관한 사항을 총괄, 조정하고 필요한 조치를 취하기 위한 기구로 중앙재난안전대책본부를 두고 있다. 중앙재난안전대책본부의 본부장은 행정안전부 장관이 되며, 본부장은 중앙재난안전대책본부의 업무를 총괄하고 필요시 중앙재난안전대책본부회의를 소집할 수 있다. 이를 보다 구체적으로 살펴보면, 재난관리 주관기관의 장은 재난이 발생하거나 발생할 우려가 있는 경우, 재난상황을 효율적으로 관리하고 재난을 수습하기 위한 중앙사고 수습본부를 신속하게 설치·운영해야 한다.

재난관리 주관기관의 장인 수습본부의 장은 재난정보의 수집·전파, 상황관리, 재난발생 시 초동조치 및 지휘 등을 위한 수습본부 상황실을 설치·운영하고, 재난을 수습하기 위해 필요하면 관계 재난관리책임기관의 장에게 행정상 및 재정상의 조치, 소속직원의 파견 등 지원 요청을 할 수 있다. 또한 수습 본부장은 지역사고수습본부를 운영할 수 있고, 시·도지사 및 시장·군수·구청장을 지휘할 수 있는 권한을 가지므로 필요에 따라 시·도 재난안전대책본부, 시·군·구 재난안전대책본부를 지휘할 수 있다.

[그림 3-7] 우리나라 국가 재난관리체계도

[그림 3-8] 코로나19 중앙재난안전대책본부 설치

출처: https://imnews.imbc.com/news/2020/society/article/5664390_32633.html

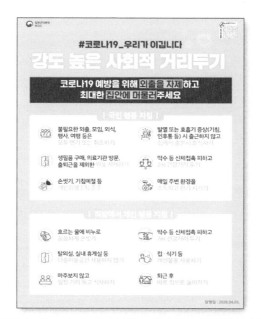

[그림 3-9] 강도 높은 사회적 거리두기 국민행동지침

출처: 질병관리본부 홈페이지(http://www.cdc.go.kr).

[그림 3-10] 일상생활에서 사회적 거리두기

2) 지방자치단체

지방자치단체별로 지역 재난안전대책본부를 구성하여 운영할 수 있다. 해당 관할 구역에서 재난의 수습 등에 관한 사항을 총괄, 조정하고, 필요한 조치를 하기 위해 시·도지사는 시·도 재난안전대책본부를 두고, 지역 재난본부장은 재난현장의 총괄·조정 및 지원을 위해 재난현장 통합지원본부를 설치·운영할 수 있다.

[그림 3-11]은 충청북도 단양군의 재난안전대책본부 보고체계도를 나타낸 것이다. 구체적으로 읍·면의 협조기관에서 단양군 읍·면 사무소에 협조·지원을 요청하면 단양군 읍·면 사무소에서 단양군 재난안전상황실에 보고한다. 단양군 재난안전상황실에서는 충청북도 상황실에 보고하고, 이를 다시 행정안전부에 보고하는 형태로 진행된다.

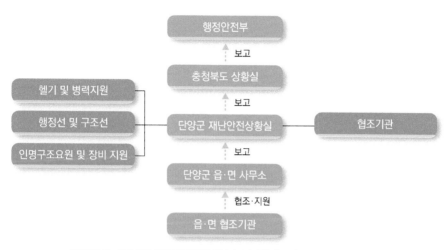

[그림 3-11] 재난안전대책본부 보고체계도(충청북도 단양군)

출처: 단양군 재난안전대책본부(https://safe.danyang.go.kr).

[그림 3-12] 코로나19 대응 부산광역시 재난안전대책본부 회의

출처: http://www.busan.go.kr/pr/photobodo/1419407

한국의 재난관리체계

우리나라의 재난관리체계를 보여 주는 대표적인 사례는 「재난 및 안전관리 기본법」, 「국민 안전교육 진흥 기본법」이며, 제1차 국민 안전교육 기본계획(2018~2022년)과 제3차 중장기보육 기본계획(2018~2022년)에도 관련 내용이 포함되어 있다.

1) 「재난 및 안전관리 기본법」

「재난 및 안전관리 기본법」은 2004년 3월 11일 법률 제7188호로 제정된 이후 지속적으로 일부 개정이 이루어졌다. 이 법은 각종 재난으로부터 국토를 보존하고 국민의 생명·신체 및 재산을 보호하기 위해 국가와 지방자치단체의 재난 및 안전관리 체제를 확립하고, 재난의 예방·대비·대응·복구와 그 밖에 재난 및 안전관리에 필요한 사항을 규정하기 위한 목적으로 제정되었다. 이 법은 제1장 총칙, 제2장 안전관리기구 및 기능, 제3장 안전관리계획, 제4장 재난의 예방, 제5장 재난의 대비, 제6장 재난의 대응, 제7장 재난의 복구, 제8장 안전문화 진흥, 제9장 보칙, 제10장 벌칙 등 총 10장 82개 조와 부칙으로 구성되어 있다.

이 법에서 사용하는 '재난'이란 국민의 생명·신체·재산과 국가에 피해를 주거나 줄 수 있는 것으로서 태풍, 홍수, 호우, 강풍, 풍랑, 해일, 대설, 한파, 낙뢰, 가뭄, 폭염, 지진, 황사, 조류 대발생, 조수, 화산활동, 소행성·유성체 등 자연우주물체의 추락·충돌, 그 밖에 이에 준하는 자연현상으로 인하여 발생하는 재해, 화재·붕괴·폭발·교통사고(항공사고 및 해상사고를 포함한다)·화생방사고·환경오염사고 등으로 인하여 발생하는 대통령령으로 정하는 규모 이상의 피해와 국가핵심기반의 마비, 「감염병의 예방 및 관리에 관한 법률」에 따른 감염병 또는 「가축전염병예방법」에 따른 가축전염병의 확산, 「미세먼지 저감 및 관리에 관한 특별법」에 따른 미세먼지 등으로 인한 피해를 말한다(제3조). 국가와 지방자치단체는 재난으로부터 국민의 생명·신체 및 재산을 보호할 책무를 지고, 재난을 예방하고 피해를 줄이기 위하여 노력해야 하며, 발생한 재난을 신속히 대응·복구하기 위한 계획을 수립·시행해야 한다(제4조).

2) 「국민 안전교육 진흥 기본법」

2016년 5월 29일 공포한 이후 1년이 경과한 2017년 5월 29일부터 시행된 「국민 안전교육 진흥 기본법」은 「재난 및 안전관리 기본법」과 함께 각종 재난으로부터 안전한 사회를 만들기 위한 양대 축에 해당하는 우리나라의 대표적인 재난안전 관련법이다. 그동안 개별법에 의해 부분적으로 이루어지던 우리나라 국민의 안전교육을 체계적으로 실시하기 위해 제정한 법률이다. 이와 더불어 시행령, 시행규칙에서는 구체적으로 국가 안전교육 추진계획의 수립 절차와 시기, 안전교육 전문 인력의 자격 기준, 그리고 안전교육기관의 지정 기준, 이용자를 대상으로 안전교육을 실시해야 하는 다중이용시설 등에 관한 내용을 규정하고 있다.

◯ 국민안전처	보도자료	
보도일시	2017. 5. 30. (화) 담당부서	안전문화교육과

국민 안전교육 활성화를 위한 기반 마련
- 「국민 안전교육 진흥 기본법」 5. 30. 시행 -

　특히 안전교육의 경우 유치원과 학교에서뿐만 아니라 공연장, 영화관 등의 다중이용시설, 장애인·아동·노인 복지시설과 병원 등에서도 시설관리자가 시설 이용자에 대해 의무적으로 실시하도록 하였다. 또한 국민을 대상으로 강의를 하거나 안전교육 관련 연구를 수행할 수 있는 안전교육 전문 인력의 자격 기준을 안전 관련 분야 국가 기술자격, 학력 또는 경력 등으로 구체화하였으며, 교육교재와 프로그램을 보유하고, 안전교육 전문 인력 등을 확보하고 있는 기관을 안전교육기관으로 지정하여 활용할 수 있는 근거를 마련하였다는 점에서 「국민 안전교육 진흥 기본법」의 제정 및 시행의 의의를 찾아볼 수 있다.

3) 제1차 국민 안전교육 기본계획(2018~2022년)

2017년 행정안전부는 관계부처와 합동으로 제1차 국민 안전교육 기본계획(2018~2022년)을 수립하였다. 구체적인 내용은 먼저 안전교육 추진체계를 구축하고, 이를 토대로 안전교육을 활성화시키는 데 있다. 또한 체험 위주의 안전교육을 확대함과 동시에 안전교육 교재 및 프로그램을 개발 및 보급하고, 안전교육 전문 인력을 육성하기 위한 목적을 가진다. 이러한 계획을 실행함으로써 궁극적으로는 사회 안전교육 지원체계를 구축하고자 한다.

행정안전부·관계부처 합동 [제1차 국민 안전교육 기본계획]
(2018~2022년)

- 안전교육 추진체계 구축
- 안전교육 활성화
- 체험 위주의 안전교육 확대
- 안전교육 교재 및 프로그램 개발·보급
- 안전교육 전문인력 육성
- 사회 안전교육 지원체계 구축

[그림 3-13] 제1차 국민 안전교육 기본계획

제1차 국민 안전교육 기본계획에서는 생애주기별 안전교육 체계를 제시하면서 생애주기를 영유아기, 아동기, 청소년기, 청년기, 성인기, 노년기로 구분하고, 생활안전, 교통안전, 자연재난안전, 사회기반체계안전, 범죄안전, 보건안전으로 안전 유형을 분류하였다.

생애주기별 안전교육 지도 | KASEM 6-23-68

교육수준	Level I	Level I	Level II	Level II	Level III	Level IV
생애주기	영유아기 0~5세	아동기 6~12세	청소년기 13~18세	청년기 19~29세	성인기 30~64세	노년기 65세~
	안전교육 의존기 (안전습관 습득)	안전교육 준비기 (안전습관 선택)	안전교육 성숙기 (안전습관 증진)	안전교육 독립기 (안전지식·실천 확대)	안전교육 확대기 (타인의 안전책임) / 안전교육 성찰기 (개인안전 준비)	안전교육 유지기 (안전환경 확보)

분야: 자연재난안전

영역	세부영역	영유아기	아동기	청소년기	청년기	성인기	노년기
❶ 재난대응	1 재난정보 2 재난대피 3 재난 시 구호활동	자연재난 위험 인지 / 가족동행 대피 습득	재난경보 구별 / 가까운 대피로·대피소 찾기 / 비상 연락망 작성	재난방송·메시지 활용 / 재난 유형별 대피법 구별 / 재난약자 대피 도움 이해 / 재난 관련 외상성 스트레스 이해	재난유형별 대피 실천 / 재난약자 대피 도움 실천 / 재난 시 구호활동 이해 / 재난약자 구호 도움 이해	가족재난대응계획 수립 / 재난 시 구호활동 참여 / 재난약자 구호 도움 참여	재난방송·메시지 활용 / 재난 시 고립 상황 대처 / 가까운 대피로·대피소 찾기 / 대피소 생활 이해
❷ 기후성 재난	1 홍수 2 태풍 3 황사 4 대설·한파 5 낙뢰 6 폭염 7 가뭄	홍수·태풍 대피요령 이해	낙뢰, 황사, 폭염 대처요령 이해	대설·한파, 가뭄 대처요령 이해	유형별 기후성 재난대응 (대피 유도 등) 실천	유형별 기후성 재난대비·대응·복구 참여	기후성 재난 대처
❸ 지질성 재난	1 지진 2 지진해일 3 산사태	지진대피요령 습득	지진, 지진해일 이해 및 대처	산사태 이해 및 대처	유형별 지질성 재난대응 (대피 유도 등) 실천	유형별 지질성 재난대비·대응·복구 참여	지질성 재난 대처

[그림 3-14] 생애주기별 안전교육 지도: 자연재난안전

출처: 국민안전교육포털 홈페이지(http://kasem.safekorea.go.kr).

[그림 3-15] 영유아기 동영상 안전교육자료

출처: 국민안전교육포털 홈페이지(http://kasem.safekorea.go.kr).

4) 제3차 중장기보육 기본계획(2018~2022년)

2017년 보건복지부는 제3차 중장기보육 기본계획(2018~2022년)을 수립하고, 어린이집을 대상으로 한 안전관리의 강화를 강조하였다. 특히 어린이집 보육교직원 및 영유아 대상 안전사고의 예방 및 대응교육을 다양화하여 각종 안전사고 대응체계를 강화하는 방안을 2018년 중점사업으로 진행하였다. 구체적으로 '찾아가는 이동안전체험관'을 통해 안전교육을 실습중심으로 개선하고 영아를 대상으로 분야를 확대하며, 시설 안전컨설팅을 연 100개소 이상 추진하였다. 또한 감염병, 미세먼지, 지진 등 각종 질병 및 재난으로부터 안전한 보육환경 조성을 위해 범부처 협조체계를 2018년부터 지속적으로 추진하였다. 지진·화재 등의 재난관리는 행정안전부와, 미세먼지·석면은 환경부와, 감염병 관리는 질병관리본부와 협조체계를 구축하여 추진한다.

한국의 유아 재난안전관리 제도 및 정책 현황

1) 유아 재난안전교육의 필요성 및 보육교사의 인식

(1) 유아 재난안전관리의 필요성

한국의 경우 2005년 「영유아보육법」의 개정, 2006년 표준보육과정의 수립 및 어린이집 평가인증제도 시범사업 실시 등으로 인해 영유아의 건강과 안전, 그리고 영양에 관한 중요성이 과거에 비해 한층 더 강조되었다. 구체적으로, 「영유아보육법」의 개정으로 건강·안전·영양 영역에서 예비보육교사가 이수해야 할 교과목의 수가 상향 조정되었으며, 표준보육과정의 수립으로 인해 영유아의 연령별 안전 관련 교육내용이 구체화되었고, 평가인증제도의 시범 실시로 인해 보다 안전한 보육환경 구축에 관심이 집중되었다.

우리나라 어린이집의 경우에는 '방재' 또는 '재난'이라는 용어의 사용보다는 영유아 '안전'이라는 명칭을 중심으로 보다 안전한 영유아보육에 초점을 두고

교육프로그램이 제공되었다. 그런데 기존의 영유아교육기관에서 이루어지고 있는 '안전' 관련 교육프로그램의 경우 화재, 호우, 폭설, 태풍, 해일, 지진 등의 재난에 대처하는 내용을 포괄적으로 다루지는 않았다. 따라서 현행 교육과정의 안전교육프로그램에서 다루어지고 있는 재난 관련 내용과 대처방법에 대한 현황을 파악하는 일은 포괄적인 유아 재난안전교육프로그램의 개발을 위한 기초자료 확보를 위해 필요하다. 이러한 목적에서 처음으로 유아 재난안전교육 실태에 대한 연구(성미영, 김학열, 2010)가 2010년 실시되었다.

(2) 유아 재난안전교육에 대한 보육교사의 인식 및 실태 조사결과

유아 재난대비 안전교육의 중요성이 부각되고 있는 점을 고려하여 영유아에게 재난대비 훈련 및 교육을 직접적으로 실시하는 주체인 보육교사가 재난대비 안전교육의 필요성을 어느 정도 인식하고 있는지, 그리고 현재 어린이집에서 이루어지고 있는 교육활동에 재난대비와 관련된 내용이 어느 정도 포함되어 있는지를 중심으로 유아 재난대비 안전교육에 대한 보육교사의 인식을 조사하였다(성미영, 김학열, 2010).

연구결과를 구체적으로 살펴보면, 어린이집에서 재난대비 안전교육의 필요성에 대한 질문에 122명(99.2%)이 필요하다고 응답하였으며, 영유아 대상 재난대비 안전교육이 필요한 이유로는 영유아가 재난대비에 취약하기 때문이라고 응답한 경우가 56명(45.5%), 재난대비 안전교육은 조기에 실시해야 효과적이기 때문이라고 응답한 경우는 37명(30.1%)이었다. 이를 통해 볼 때 보육교사는 재난대비 안전교육이 필요하다고 인식하고 있으며, 영유아기라는 시기적 특수성으로 인해, 그리고 조기교육의 중요성으로 인해 재난대비 안전교육을 나이 어린 영유아를 대상으로 실시할 필요가 있다고 인식하고 있음을 알 수 있다.

영유아를 대상으로 재난대비 안전교육을 실시할 경우 내용 선정에서 고려할 사항으로 영유아의 발달수준(64명, 52%)과 발생빈도가 높은 재난유형(44명, 35.8%)을 높은 비율로 선택하였다. 이와 더불어 안전교육의 항목 중 우선적으로 실시되어야 할 내용으로 놀이안전(83명, 67.5%)을 가장 많이 선택하였으며, 자연재해 항목은 10개 항목(놀이안전, 교통안전, 학대안전, 미아 및 유괴안전, 스포츠안전, 약물안전, 환경 및 공해안전, 동식물 및 식품안전, 자연재해안전, 화재 및 화상안전) 중 9순위로 지목(30명, 24.4%)되는 경우가 많았다. 이러한 결과는 어린이집 환경에서 빈번하게 발생하는 놀이안전에 교사의 관심이 집중되어 있는 반면, 상대적으로 발생빈도가 낮은 자연재해에 대해서는 관심이 미약함을 보여 준다.

재난대비 안전교육과 관련한 교사연수의 필요성에 대해 조사대상 보육교사의 104명(84.6%)이 필요하다고 응답하였고, 연수기회가 제공되면 참여할 것인가라는 질문에 122명(99.2%)이 참여하겠다고 응답하였다. 교사연수의 기회는 1년 1~2회가 적당하다고 응답한 교사가 64명(52%)으로 가장 많았고, 연수내용으로는 응급처치(72명, 58.5%), 재난시 대피요령(35명, 28.5%) 등의 내용이 중요하다고 인식하였다. 이는 상황이 발생한 후 이에 대처하는 실질적인 내용에 더 많은 관심이 있음을 보여 준다.

응답자가 근무하는 어린이집에서 재난대비 안전교육 계획을 수립하고 있는지를 질문한 결과, 100명(81.3%)의 응답자가 그렇다고 응답하였으며, 재난대피훈련의 실시 여부에 대한 질문에서는 94명(77%)이 실시한다고 응답하였다. 그리고 재난대비 안전교육 관련 교사연수에 참여한 경험이 있는지를 질문한 결과 40명(32.5%)만이 참여한 적이 있다고 응답하였다. 이러한 결과를 통해 볼 때 교사대상 재난대비 안전교육을 보다 더 실시할 필요가 있음을 알 수 있다.

이상의 연구결과는 2010년 실시된 내용으로, 2020년 현재 우리나라의 모든 어린이집에서는 「아동복지법」에 근거하여 재난대비 안전교육을 연간 6시간 이상 실시하고 있다.

2) 유아 재난안전관리 관련법의 현황

(1) 「아동복지법」

2016년 5월 20일 보건복지부는 「아동복지법」 시행령·시행규칙 개정안을 입법 예고하였다. 이러한 개정안의 핵심 내용은 지방자치단체의 아동보호 책무 강화 및 아동 안전관리 강화이다. 특히 시행령 제28조 제1항 관련 별표 6에 해당하는 아동 안전교육기준이 개선되었다. 단체생활에서의 감염병 발생을 최소화하고 아동기부터 건강에 대한 올바른 상식을 가질 수 있도록 아동복지시설, 어린이집, 유치원, 초·중등학교의 장이 아동 안전교육을 실시할 때 '감염병 예방 및 예방접종의 이해'도 교육내용에 추가하도록 하였다. 기존의 교육 분야는 성폭력 및 아동학대 예방, 실종·유괴의 예방과 방지, 약물의

오남용 예방, 재난대비 안전, 교통안전으로 구성되어 있었으나, 약물의 오남용 예방 교육을 감염병 및 약물의 오용·남용 예방 등 보건위생관리 교육으로 변경하였다. 특히 재난대비 안전교육은 6개월에 1회 이상, 연간 6시간 이상 실시하도록 규정하고 있으나, 교육내용을 살펴보면 화재와 관련된 내용 위주로 구성되어 있으며, 자연재난의 경우 제한적인 내용으로 포함되어 있다.

[그림 3-16] 유아 지진안전교구

출처: http://www.littlebigkids.kr

구분	성폭력·아동학대 예방 교육	실종·유괴의 예방·방지 교육	약물의 오남용 예방 교육	재난대비 안전교육	교통안전교육
실시 주기 (총 시간)	6개월에 1회 이상 (연간 8시간 이상)	3개월에 1회 이상 (연간 10시간 이상)	3개월에 1회 이상 (연간 10시간 이상)	6개월에 1회 이상 (연간 6시간 이상)	2개월에 1회 이상 (연간 10시간 이상)

구분	성폭력 및 아동학대 예방 교육	실종·유괴의 예방·방지 교육	감염병 및 약물의 오용·남용 예방 등 보건위생관리 교육	재난대비 안전교육	교통안전교육
실시 주기 (총 시간)	6개월에 1회 이상 (연간 8시간 이상)	3개월에 1회 이상 (연간 10시간 이상)	3개월에 1회 이상 (연간 10시간 이상)	6개월에 1회 이상 (연간 6시간 이상)	2개월에 1회 이상 (연간 10시간 이상)
교육 내용	1. 내 몸의 소중함 2. 내 몸의 정확한 명칭 3. 좋은 느낌과 싫은 느낌 4. 성폭력 예방법과 대처법	1. 길을 잃을 수 있는 상황 이해하기 2. 미아 및 유괴 발생 시 대처방법 3. 유괴범에 대한 개념 4. 유인·유괴 행동에 대한 이해 및 유괴 예방법	1. 감염병 예방을 위한 개인위생 실천 습관 2. 예방접종의 이해 3. 몸에 해로운 약물 위험성 알기 4. 생활 주변의 해로운 약물 화학제품 그림으로 구별하기 5. 모르면 먼저 어른에게 물어보기 6. 가정용 화학제품 만지거나 먹지 않기 7. 어린이 약도 함부로 많이 먹지 않기	1. 화재의 원인과 예방법 2. 뜨거운 물건 이해하기 3. 옷에 불이 붙었을 때 대처법 4. 화재 시 대처법 5. 자연재난의 개념과 안전한 행동 알기	1. 차도, 보도 및 신호등의 의미 알기 2. 안전한 도로 횡단법 3. 안전한 통학버스 이용법 4. 날씨와 보행안전 5. 어른과 손잡고 걷기

[그림 3-17] 「아동복지법 시행령」 제28조 제1항 관련 별표 6

(2) 학교 안전교육 실시 기준 등에 관한 고시

교육부는 2017년 3월 22일 각종 재난 위협요인으로부터 학교의 피해를 최소화하고 선제적 대응을 위해 학생 및 교직원 재난대비 훈련을 연 2회 이상으로 의무화하는 「학교 안전교육 실시 기준 등에 관한 고시」의 일부 개정안을 행정 예고하였다(교육부, 2017).

「학교 안전교육 실시 기준 등에 관한 고시」란 학교에서 시행 중인 학교 안전교육을 보다 구체적이고 효율적으로 실시하도록 교육시간, 횟수, 내용 및 방법 등을 규정한 행정 규칙이다. 경주 지진, 태풍 차바 등 우리나라에서도 매년 재난발생이 증가함에 따라 학생과 교직원의 재난대비 능력을 강화하기 위한 조치의 하나로 개정안이 마련되었으며, 기존 고시에서 규정하고 있던 재난교육을 체험·실습 중심의 실질적인 재난대비 훈련으로 강화하는 것을 목표로 하고 있다.

교육부		**보도자료**	
보도일시	2016. 3. 14. (월)	담당부서	학교안전총괄과

학교 안전교육 실시 기준 확정·발표
- 체험 중심 안전교육 시간, 횟수, 내용, 방법 등에 대한 기준 마련 -

(3) 표준보육과정 및 누리과정에 제시된 유아 재난안전 관련 내용

2005년 이후 우리나라에서는 표준보육과정과 그에 따른 보육프로그램의 개발 및 보급이 본격화되었다. 어린이집에서 영유아를 위한 안전교육과정 내용은 어린이집 표준보육과정에 포함되어 있는데, 어린이집 표준보육과정은 어린이집의 0~5세 영유아에게 국가수준에서 제공하는 보편적이고 공통적인 보육의 목표와 내용을 제시한 것으로 3~5세 보육과정은 어린이집과 유치원에서 공통적으로 적용되는 누리과정과 동일한 내용이다(성미영, 민미희, 정현심, 2017).

정부혁신 보다나은 정부 🔷	보도자료		
보도일시	2019. 7. 19. (금)	담당부서	교육부 유아교육정책과 보건복지부 보육기반과 육아정책연구소

2019 개정 누리과정 확정 · 발표
유아가 중심이 되고 놀이가 살아나는 3~5세 공통 교육과정

제3차 표준보육과정 중 0~1세 보육과정과 2세 보육과정 중 '안전하게 생활하기' 영역에서는 '재난'이라는 용어를 명시적으로 사용하고 있지 않다. 이와 달리 3~5세 연령별 누리과정의 경우 신체운동·건강영역의 하위 '안전하게 생활하기' 내용범주 중 '비상시 적절히 대처하기' 내용에 '재난 및 사고 등 비상시 적절하게 대처하는 방법을 안다'는 세부내용이 포함되어 있어

재난안전 관련 내용을 확인할 수 있다. 또한 2020 개정 표준보육과정의 경우 0~1세 보육과정과 2세 보육과정의 '안전하게 생활하기' 내용범주에서는 각각 '위험하다는 말에 주의한다' '위험한 상황에 대처하는 방법을 경험한다'라고 제시되어 있어 '재난'이라는 용어가 명시적으로 드러나지 않는다. 2019년 개정된 2019 개정 누리과정에서는 '안전사고, 화재, 재난, 학대, 유괴 등에 대처하는 방법을 경험한다'는 내용에서 재난안전 관련 내용을 확인할 수 있다. 3~5세 연령별 누리과정에서는 '재난'이라는 용어가 세부내용 수준에 명시되어 있었으나, 2019 개정 누리과정에서는 한 단계 상위 수준인 내용 수준에 명시되어 있어 재난에 대한 사회적 관심의 증가가 교육과정에도 반영되었음을 알 수 있다.

보건복지부 육아정책연구소 Korea Institute of Child Care and Education		**보도자료**	
보도일시	2020. 3. 12. (목)	담당부서	보건복지부 보육기반과 육아정책연구소

'잘 놀아야 잘 자란다',
놀이 중심 표준보육과정 개정

〈표 3-1〉 제3차 표준보육과정과 3~5세 연령별 누리과정에 제시된 안전교육 내용

내용범주	0~1세 보육과정	2세 보육과정	3~5세 보육과정(누리과정)
	기본생활영역	기본생활영역	신체운동·건강영역
안전하게 생활하기	• 안전하게 지내기 • 위험한 상황에 반응하기	• 안전하게 놀이하기 • 교통안전 알기 • 위험한 상황 알기	• 안전하게 놀이하기 • 교통안전규칙 지키기 • 비상시 적절히 대처하기

〈표 3-2〉 2019 개정 누리과정에 제시된 안전교육 내용

내용범주	내용
안전하게 생활하기	• 일상에서 안전하게 놀이하고 생활한다. • TV, 컴퓨터, 스마트폰 등을 바르게 사용한다. • 교통안전 규칙을 지킨다. • 안전사고, 화재, 재난, 학대, 유괴 등에 대처하는 방법을 경험한다.

(4) 어린이집 재난안전관리 현황

우리나라 어린이집에서 실시되고 있는 재난안전관리 관련 프로그램은 화재에 대비한 소방훈련이 주를 이루고 있다. 또한 재난보다는 교통안전을 위주로 프로그램이 실시되다가 2004년 여성가족부에서 어린이집 교통안전 및 재난대비 프로그램을 개발하여 보급하였다. 이 프로그램에서는 교통안전, 화재안전, 재난안전의 영역으로 구분하고, 재난안전의 경우에는 홍수와 지진에 대한 대비를 중심으로 소개하고 있다. 우리나라에서도 지진 발생에 대한 경각심이 고조되면서 어린이집 지진대비 안전훈련이 2007년 처음으로 실시되었으며, 2016년 경주 지진, 2017년 포항 지진의 발생으로 인해 화재대피훈련과 더불어 지진대피훈련 시행이 전국 어린이집에서 강화되었다.

① 지진대비 안전훈련 실시

여성가족부에서는 2007 재난대응 안전한국훈련에 동참하여 전국 모든 어린이집에서 일제히 지진대피훈련을 실시하였다. 우리나라도 지진의 위협에서 자유로울 수 없다는 경고에 따라 어린이집에서도 처음으로 지진대피훈련을 실시하게 되었으며, 여성가족부는 체계적이고 효율적인 훈련을 위해 지진 발생 시 행동요령 등이 수록된 리플릿을 제작하여 모든 어린이집에 배부하였다. 이날 훈련에는 전국의 모든 어린이집 유아들이 참여하였고, 특히 시·군·구에서는 1개 시설 이상 관계 공무원 참관하에 시범훈련으로 진행되었다. 그 이후 지속적으로 실시되어 2019년에도 행정안전부 주관의 재난대응 안전한국훈련에서 지진대피훈련을 실시하였다.

[그림 3-18] 지진대비 시범훈련에 참여하고 있는 어린이집 유아

[그림 3-19] 2018년 재난대응 안전한국훈련 포스터

② 어린이집 교통안전 및 재난대비 프로그램 보급

여성부에서는 2004년 시·도별로 총 17회에 걸쳐 어린이집 원장 1만 명을 대상으로 어린이 안전을 위한 전국 순회교육을 직접 실시하면서 어린이 안전교육 프로그램을 보급하였다. 이는 여성부가 보육업무를 이관받은 이후 전국 어린이집 원장을 대상으로 처음 실시한 교육이다. 어린이집에 장시간 체류하는 어린이를 각종 안전사고로부터 예방하고, 영유아기부터 체계적인 안전교육을 통해 안전한 행동이 습관화되도록 하기 위해 개발된 '어

린이집 교통안전 및 재난대비 프로그램'을 보급하였다. 이 프로그램은 교통안전·재난대비·부모교육·통학버스운전자용 안전교육 자료 등으로 구성되어 있는 책자와 비디오테이프, CD자료로 구성되었다.

　보육 업무가 보건복지부로 이관된 이후 어린이집에서의 재난대비 안전교육은 보건복지부를 중심으로 확대 실시되고 있다.

5
한국의 유아 재난안전교육프로그램 현황

　유아 대상 재난안전교육프로그램은 다양한 방식과 유형으로 개발되어 왔다. 여기에서는 행정안전부, 교육부, 보건복지부, 국민안전처, 교육과학기술부 등에서 그동안 개발한 유아 재난안전교육프로그램의 현황을 살펴본다.

1) 유아 재난안전교육프로그램 현황

(1) 생활 속 지진 안전-유아용(행정안전부, 2019년)

　행정안전부에서는 2019년 생활 속 지진 안전에 대한 유아용 및 강사용 교재를 개발하였다. 교재는 강의자료, 교구활동지도안 및 설명서, 지진수업교안, 찍찍이 지진판, 지진퍼즐, OX 퀴즈판으로 구성되어 있다.

[그림 3-20] 행정안전부 지진 교육 교재

(2) 학교 안전교육 7대 표준안(교육부, 2015년)

　교육부에서는 2015년 재난안전을 포함한 7대 안전교육에 대한 영역별, 학교 급별 교사용 지도안을 마련하여 각급 학교에 제공하였다. 학교 안전교육 7대 표준안의 교사용 지도안은 교육활동, 참고자료, 사후활동으로 구성되어 있다.

[그림 3-21] 재난안전 교사용 지도안

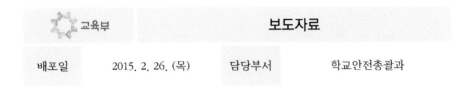

🔷 교육부		보도자료	
배포일	2015. 2. 26. (목)	담당부서	학교안전총괄과

유·초·중·고 발달단계별
'학교 안전교육 7대영역 표준안' 발표
– 생활, 교통, 재난안전에서 응급처치까지, 체험 · 실습 중심으로 편성 –

(3) 어린이 재난안전훈련 가이드북(국민안전처, 2017년)

2017년 국민안전처는 교육부의 학교안전 7대 표준안과 연계하여 어린이
재난안전훈련 가이드북을 제작하였다. 어린이 재난안전훈련 가이드북은
초등학교 5~6학년을 대상으로 한 재난안전훈련 체험 프로그램이다.

[그림 3-22] 국민안전처 어린이 재난안전훈련 가이드북

(4) 어린이집 지진 관리·대응 매뉴얼(보건복지부, 한국보육진흥원, 2016년)

2016년 보건복지부와 한국보육진흥원에서는 어린이집 교직원을 대상으로 제공되는 지진 관리 및 대응 매뉴얼을 개발하였다. 이 매뉴얼에는 지진 발생 시 대응 순서, 올바른 대피방법, 보호자와의 인계원칙을 포함하고 있다.

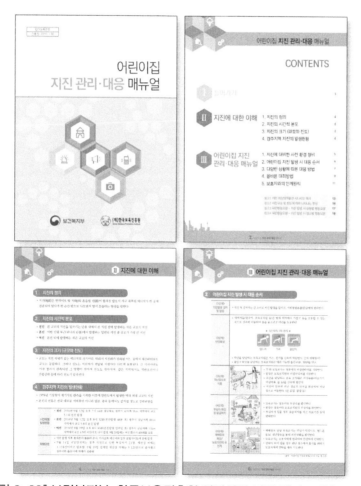

[그림 3-23] 보건복지부, 한국보육진흥원 어린이집 지진 관리 · 대응 매뉴얼

(5) 유아 재난대비·생활안전교육프로그램(교육과학기술부, 2012년)

2012년 교육과학기술부에서는 유치원 교육과정에 근거하여 생활안전교육 위주로 유아 재난대비 · 생활안전교육프로그램을 구성하였다. 교사용 지도서, 시청각자료, 교구제작 구성안, 부모용 자료가 포함되어 있으며, 두 개의 지진 활동이 포함되어 있다.

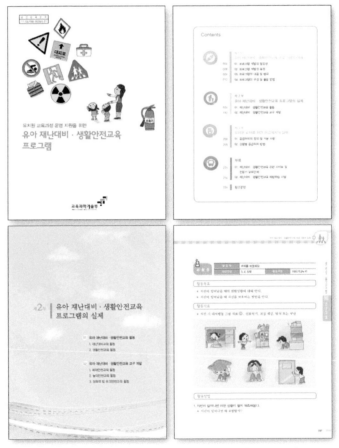

[그림 3-24] 교육과학기술부 유아 재난대비 · 생활안전교육프로그램

2) 유아 재난안전교육 관련 사이트 현황

(1) 국민안전교육포털(http://kasem.safekorea.go.kr)

국민안전처는 2017년 7월 12일부터 생애주기별 안전교육 자료를 한곳에서 제공하는 국민안전교육포털(kasem.safekorea.go.kr) 서비스를 시작하였다. 포털 홈페이지에 접속하면 자신의 생애주기나 폭염, 승강기, 캠핑 등 관심 있는 분야의 동영상자료, 국민행동요령, 안전체험 교육프로그램 등의 정보를 한눈에 살펴볼 수 있다. 기존에 각 기관이나 단체별로 흩어져 있던 안전교육 관련 자료를 한번에 즉각적으로 찾을 수 있다는 점이 국민안전교육포털의 장점이다.

[그림 3-25] 국민안전교육포털 홈페이지

(2) 국민재난안전포털(http://www.safekorea.go.kr)

행정안전부의 국민재난안전포털은 포항·경주 지진 같은 대규모 재난이 발생했을 때 국민에게 재난발생 정보, 국민행동요령 등 재난상황 대처 정보를 안정적으로 제공하기 위해 구축된 대국민 재난안전정보 포털 사이트이다. 국민이 단 한번 접속해 다양한 재난안전정보를 손쉽게 파악할 수 있도록 여러 기관에 흩어져 있는 재난안전과 관련된 웹사이트를 통합해 재난단계(예방-대비-대응-복구)별로 관련 정보를 체계적으로 제공한다(매일경제, 2019. 6. 11.). 재난예방대비, 재난심리상담 등 6개 상위 메뉴 외에도 재난발생 시 메인 페이지에서 재난발생 정보, 국민행동요령 등 핵심 재난정보에 곧바로 접속할 수 있도록 바로 가기 기능을 제공하고 있다. 텍스트만 제공하던 과거 방식과 달리 국민행동요령에 대한 국민의 이해를 돕기 위해 그림 파일과 동영상도 함께 제공하고 있다.

아울러 재난으로 인해 피해를 입은 국민이 후유증에서 빨리 벗어나 일상생활에 복귀할 수 있도록 재난심리상담 관련 지역별 연락처, 간단한 자가진단방법을 제공한다. 예상하지 못한 재난에 대해 국민이 스스로 대처할 수 있도록 풍수해(태풍·강풍·대설·지진) 보험과 관련된 정보, 지진 옥외 대피장소, 지진 실내구호소, 이재민 임시주거시설 등 대피시설 주소, 전자지도(GIS) 서비스도 확인할 수 있다. 또한 외국인·장애인과 같은 재난취약계층이 다른 사람의 도움 없이 혼자서도 재난정보를 자유롭게 검색하고 그에 맞게 대처할 수 있도록 영문전용 페이지와 웹사이트에 대한 장애인 접근성을 개선하였다.

[그림 3-26] 국민재난안전포털 홈페이지

(3) 어린이안전나라(소방방재청)

행정안전부가 출범하기 이전 소방방재청 홈페이지의 '어린이안전나라' 사이트는 '알기 쉬운 재난이야기' '함께하는 안전공부' '우리집 비상용품' '안전 자료방' 영역으로 구성되어 있었다. 이 가운데 '알기 쉬운 재난이야기' 영역에서 재난과 안전, 홍수이야기, 태풍이야기, 지진이야기, 화재이야기 등의 재난 관련 내용을 다루고 있었는데, 2020년 현재는 행정안전부 사이트에서 통합적으로 운영되고 있다.

[그림 3-27] 어린이안전나라 홈페이지

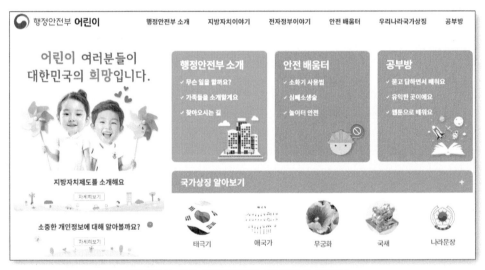

[그림 3-28] 행정안전부 어린이용 사이트

(4) 어린이소방본부(경기소방재난본부)

과거 경기소방재난본부에서 운영한 '어린이소방본부' 프로그램은 어린이
소방안전 교육용 프로그램이다. 어린이소방본부 사이트에서는 '소방문화도
배워요' '소방관아저씨화이팅' '절대 안돼요' '이럴 때는 이렇게' 등의 내용을
제공하며, 화면과 함께 음성을 통한 설명이 동시에 제공되었으나, 2020년
현재는 운영되고 있지 않다.

[그림 3-29] 어린이소방본부 홈페이지

(5) 어린이교통안전교육(도로교통공단)

도로교통공단 홈페이지에서 제공되는 '어린이교통안전교육'에는 어린이
교통안전퀴즈 증강현실(AR) 교육 콘텐츠가 포함되어 있다. 색칠놀이와 그
림엽서로 구성되어 있으며, 색칠놀이 편에서는 횡단보도 안전하게 건너는
방법 등의 내용이 OX 퀴즈로 제공되고, 그림엽서 편에서는 알쏭달쏭 OX
퀴즈로 교통안전교육을 받을 수 있다.

[그림 3-30] 도로교통공단 홈페이지

(6) 꼬마안전짱(적십자간호대학)

적십자간호대학의 '꼬마안전짱' 사이트는 대학에서 간호학을 전공한 박사들이 프로그램을 개발하여 운영하는 사이트로, 안전사고에 대한 응급처치 방법에 초점을 두고 있는 프로그램이다.

사이트 구성은 '꼬마안정짱이란?' '엄마와 함께 배워요' '나 혼자 배울 수 있어요' '선생님 보세요' '응급처치 잘할 수 있어요' '이런 사고도 있대요' '궁금한 게 있어요' '자료가 추가되었어요' '꼬마또래 끼리끼리' '게임천국' 등의 영역으로 이루어져 있다. '나 혼자 배울 수 있어요' 영역의 경우 보행안전, 놀이안전, 야외안전, 학교안전, 유괴예방, 자연재해로 구성되어 있어, 자연재해를 하나의 하위영역으로 규정하고 있다. 자연재해 영역에서는 홍수 및 태풍이 났을 때, 지진이 났을 때의 상황으로 구분하여 각 상황별 주의사항을 안내한다.

자연재해를 다른 안전영역과 구별하여 하나의 영역으로 제시하고 있다는 점에서 다른 사이트와의 차별성을 확인할 수 있으나, 홍수, 태풍, 지진의 상황에 대해 특별히 그림자료의 제시 없이 '출구나 대피소를 살펴두며, 현관문을 열어 놓으세요' 등의 상황별 안내 지침만 제시되어 있을 뿐이다. 2020년 현재는 꼬마안전짱 사이트가 운영되고 있지 않다.

[그림 3-31] 꼬마안전짱 홈페이지

(7) 어린이안전넷(한국소비자원)

한국소비자원에서 운영하는 어린이안전넷은 어린이들이 안전한 환경 속에서 건강하고 행복하게 성장할 수 있도록 도움을 주기 위혜 만든 인터넷상의 어린이안전 종합정보망이다. 어린이안전넷은 '어린이안전넷이란?' '안전정보' '안전배움터' '안전놀이터' 등의 영역으로 구성되어 있다. '안전놀이터'에는 어린이 안전게임이 다양하게 제공되고 있는데, OX 퀴즈, 퍼즐, 틀린 그림 찾기, 같은 그림 맞추기 등의 게임에 참여할 수 있다.

[그림 3-32] 어린이안전넷 홈페이지

(8) 어린이안전교육관(한국어린이안전재단)

한국어린이안전재단에서 운영하는 어린이 안전학교는 현장 체험식 교육과 상호작용 교육을 통해 안전사고 유발요소에 대한 정확한 지식을 알리고 어린이 스스로 안전 의식을 향상시키는 교육프로그램을 제공한다. 한국어린이안전재단에서는 송파안전교육체험관을 중심으로 체험관 운영을 하고 있으며, 안전교육프로그램으로는 찾아가는 안전교육, 자전거 안전교육, 교사 · 부모 안전교육을 진행하고 있다. 찾아가는 안전교육에는 이동안전체험교실, 어린이안전체험교실, 찾아가는 어린이 안전교육이 포함된다.

[그림 3-33] 어린이안전재단 홈페이지

Chapter 4

한국형 유아 재난안전관리 정책모델

본 연구에서는 한국의 현 상황과 실정에 적합하면서 생애주기 중 유아기라는 발달시기에 해당하는 재난취약집단을 대상으로 이들의 요구를 충족시켜 줄 수 있는 정책모델을 제시하고자 시도하였고, 그 결과 다음과 같은 〔한국형 유아 재난안전관리 정책모델〕을 구축하게 되었다.

I 연구내용 및 연구방법

〔한국형 유아 재난안전관리 정책모델〕을 구축하기 위해 본 연구에서는 다음과 같은 연구내용으로 연구를 진행하였다.

1) 연구내용

〔한국형 유아 재난안전관리 정책모델〕을 구축하기에 앞서 미국과 일본, 그리고 기존 한국의 재난안전관리 제도 및 정책 현황을 분석하였다. 이를

토대로 하여 [한국형 유아 재난안전관리 정책모델]을 구축하기 위한 구체적인 연구 목표를 다음과 같이 설정하였다.

- 국내외 유아 관련 재난안전관리 제도 및 정책 현황을 분석한다.
- 국내외 유아 관련 재난안전관리 제도 및 정책 현황 분석을 토대로 하여 [한국형 유아 재난안전관리 정책모델]을 구축한다.
- [한국형 유아 재난안전관리 정책모델]을 국가 및 지방 재난안전 담당 공무원, 유아교육현장의 교직원, 재난관리자에게 제안한다.
- 재난취약집단인 유아의 고유한 요구를 고려한 [한국형 유아 재난안전관리 정책모델]의 실천방안을 강구한다.

[한국형 유아 재난안전관리 정책모델]의 내용 구성은 다음과 같은 측면에서 기존의 재난안전관리 정책과 차별성을 가진다.

- 재난안전관리 정책 수립 시 유아의 고유한 요구 반영
- 재난안전관리 정책 수립 시 아동시설의 재난대비와 연속성 고려
- 예방, 대비, 대응, 복구 단계별 재난안전관리 정책 수립
- 재난안전관리 정책 수립 시 아동을 위한 재난관리자원 반영

2) 연구방법

재난예방(mitigation), 재난대비(preparedness), 재난대응(response), 재난복구(recovery)를 포함한 재난안전관리 계획의 수립 과정에는 다양한 정부 부처 및 지방 재난안전 담당 공무원, 재난안전관리 전문가가 참여한다.

기존의 국가 수준 재난안전관리 시스템 구축 시에는 재난안전 담당 공무

원과 재난안전관리전문가가 주축을 이루었다면, 본 연구에서 제안하는 〔한국형 유아 재난안전관리 정책모델〕에서는 신체적 보호, 심리사회적 보호, 인지적 보호라는 유아의 고유한 요구를 고려하고 충족시키기 위해 유아교육 전문가와의 협력이 필요함을 강조하였다.

〔한국형 유아 재난안전관리 정책모델〕을 구축하기 위해 유아교육전문가와 재난안전관리전문가의 공동작업을 통해 재난안전관리 제도 및 정책에 대한 전문지식을 본 연구에 적극적으로 반영하였다. 구체적으로, 국민안전처의 방재특수전문 교육과정을 개발하고, 공무원, 기업, 일반시민, 학생 등 다양한 계층에서 요구되는 재난안전 교육훈련 프로그램 개발 및 연구를 수행하였으며, 재해약자 보호를 위한 역량모델 구축 및 재난대응 훈련 컨설팅을 수행하고 있는 재난안전관리 분야의 국내전문가와 협력하여 현행 우리나라 재난안전관리 제도 및 정책을 다각적으로 분석하였다.

이와 더불어 재난피해 아동의 특수성을 이해하고, 연방정부, 주정부, 지방정부 차원에서뿐만 아니라 민간 및 비영리단체들과 서로 협력하여 재난안전관리 계획을 유기적으로 수립하고 있는 미국 사례를 근거로 하여 유기적인 재난안전관리 계획을 〔한국형 유아 재난안전관리 정책모델〕에 반영하였다.

결론적으로, 본 연구에서는 국내외 유아 관련 재난안전관리 제도 및 정책의 현황을 분석하고, 이를 토대로 재난취약집단인 유아의 신체적 보호, 심리사회적 보호, 인지적 보호 요구를 충족시키는 〔한국형 유아 재난안전관리 정책모델〕을 구축하였다.

유아의 요구를 반영한 정책모델 구축

〔한국형 유아 재난안전관리 정책모델〕을 구축하기 위해서는 가장 우선적
으로 재난발생 시 유아가 필요로 하는 요구사항이 무엇인지를 정확하게 파
악해야 한다. 이에 따라 여기에서는 재난발생 시 유아의 취약성과 요구에
대해 살펴본다.

1) 재난발생 시 유아의 취약성

유아는 유아기라는 발달단계 특성상 재난발생 시 특수성을 가진다. 이러
한 특수성에 근거하여 재난발생 시 유아의 취약성을 신체적·생리적 취약
성, 발달적·사회적 취약성, 인지적 취약성, 심리적 취약성, 안전·안정 취
약성으로 구분하여 살펴본다.

(1) 유아의 특수성

유엔재해기구(UNDP)와 유엔발전계획(UNCRD)에서는 "재난이란 갑작스
럽게 발생하여 지역사회의 기본 조직과 정상 기능을 와해시키는 큰 규모의
사건으로서 그 영향을 받은 지역사회가 외부의 도움이 없이는 극복할 수 없
고 생명과 재산, 사회 간접시설과 생활수단에 대해 일상적인 능력으로 처리
할 수 없는 피해를 일으키는 단일 또는 일련의 사건"으로 정의하고 있다(송
영지, 2018). 재난의 발생으로 인한 피해 정도는 모든 사람에게 동일하게 나

타나는 것이 아니라 사회적으로 취약한 집단의 경우 그 피해 정도가 더 클 수 있다. 예를 들어, 영유아를 포함한 아동, 노인, 장애인과 같은 재난취약 집단의 경우 재난으로 인한 피해 정도가 크고, 위기대처 능력이 떨어진다 (장미혜 외, 2014).

유아의 경우 나이가 어리고, 인지적 판단 능력이 미숙하며, 부모나 다른 양육자에 대한 의존성이 강하기 때문에 성인의 경우에는 간과되지만 재난 취약집단에게는 필수적으로 요구되는 고유한 돌봄을 제공해야 한다. 유아 는 다른 재난취약집단과 마찬가지로 재난발생 이전과 이후 모두 고유한 요 구사항이 있음에도 불구하고, 이러한 유아의 요구가 지역사회의 재난대비 운영계획에 충분히 반영되지 않고 있다. 재난이라는 대규모 위기상황이 발 생했다는 이유만으로는 이러한 유아의 요구사항을 무시할 수 없다. 이러한 측면에서 미국소아과학회(American Academy of Pediatrics, 2002)는 재난발생 시 유아가 자신을 더 위험하게 만드는 신체적, 생리적, 발달적 및 정신적으 로 고유한 요구가 있다는 점을 강조하였다.

성인과 유아의 차이는 신체적, 심리적, 사회적, 인지적, 생리적 및 기타 영역에서 다양하게 나타난다. 일과, 식사, 수면습관, 욕구와 공포 등 유아의 일상은 모든 측면에서 성인과 다르고, 이러한 모든 특징이 복합적으로 나타 나 유아의 취약성이 극대화된다는 점을 가장 중요하게 고려해야 한다. 유 니세프(UNICEF)에서 활용하는 여러 분류체계에서는 특수집단인 아동의 범 주에 임신부도 포함된다. 아직 출생 이전인 태아는 적절한 건강과 영양을 유지하기 위해 어머니에게 의존하고 있으므로 태아의 안전과 건강을 위해 임신부의 요구는 유아가 필요로 하는 요구와 유사하다. 따라서 재난관리계 획 담당자는 재난대응계획을 수립할 때 임신부의 취약성과 요구를 고려해 야 한다.

〈표 4-1〉 재난발생 시 유아의 취약성

구분	내용
신체적·생리적 취약성	• 신체적 취약성은 유아의 취약성 중 가장 기본적인 취약성으로 신체 크기가 작다는 점이 대표적이다. • 생리적 취약성은 유아의 생리적 반응이 성인과 달라 응급처치 시 오진 또는 잘못된 진료의 가능성이 높다는 점을 뜻한다.
발달적·사회적 취약성	• 발달적 취약성은 유아가 아직 발달과정 중에 있어 자신의 현재 상태에 대한 정확한 이해나 설명이 어려움을 의미한다. • 사회적 취약성은 유아가 부모와 헤어지거나 부모가 유아를 돌볼 수 없는 상황인 경우의 취약성을 의미한다.
인지적 취약성	• 인지적 취약성은 유아의 인지발달 수준이 낮아 자신이 위험함을 인식하고 대피할 능력이 부족함을 뜻한다.
심리적 취약성	• 심리적 취약성은 유아가 경험하는 심리적 스트레스와 외상에 대한 취약성을 의미한다.
안전·안정 취약성	• 안전 취약성은 대피 상황에서 신체적 안전에 대한 위험이 증가함을 뜻한다. • 안정 취약성은 또래 괴롭힘이나 우울증으로 심리적 안정이 위협받을 수 있음을 의미한다.

출처: 성미영, 김영희 공역(2017).

(2) 신체적·생리적 취약성

재난발생 시 유아가 갖는 가장 큰 취약성은 바로 신체적 취약성이다. 유아는 성인에 비해 신체 크기가 작기 때문에 생물학적·화학적 재난이 발생할 경우 유독물질을 흡수할 가능성이 크며, 피부가 얇아서 피부 표면의 질량비(surface-to-mass ratio)가 더 커지고 호흡이 빨라진다. 신체 크기가 작은 유아의 경우 떨어지는 물체에 맞거나 둔기에 의해 외상이 가해지면 전체 체질량으로 인해 신체에 더 큰 압력이 가해져 성인에 비해 상대적으로 취약하다(성미영, 김영희 공역, 2017). 유아는 또한 신체발달이나 위험 감지 및 운동 능력, 자기조절 및 집중력, 생존에 필요한 양적·질적 수준이 성인에 비해 미숙하여 부적절한 상황 판단 및 대처로 치명적 위험상황에 쉽게 노출될 가능성이 높다.

〈표 4-2〉 재난발생 시 유아의 신체적 피해

- 건물 붕괴로 인한 상해
- 자동차 충돌로 인한 상해
- 수돗물 내 화학물질 또는 오염물질에 의한 감염
- 상한 음식물 또는 오염된 물의 섭취
- 대피를 위한 이송 중 부상
- 대피소 내 부상 또는 폭행
- 장기적인 영양 결핍 또는 물 부족
- 더위 또는 추위에 대한 노출
- 야생동물의 공격
- 기존 만성질환의 악화
- 의료전문가, 의약품 및 의료장비에 대한 접근 결여

유아의 생리적 반응은 성인과 다르기 때문에 유아의 이러한 특성을 파악하지 못한 응급처치 담당자는 오진을 하거나 치료를 잘못할 가능성이 있다. 예를 들어, 영유아의 신체는 충격을 받았을 때조차 비교적 일정한 심박동을 유지할 수 있고, 동일한 응급상황에서 체온, 호흡, 혈압 등의 신체 징후도 성인과 매우 다르다. 특히 신생아의 경우에는 아직 면역체계가 완전히 갖춰지지 않았기 때문에 재난발생 이후에 생물학적 물질에 의해서나 건강상태 저하로 인해 감염될 위험이 매우 높다.

미국소아과학회(American Academy of Pediatrics, 2002)에서는 유아에게 적절한 소아과적 의료조치를 제공하고, 유아의 욕구를 충족시키도록 재난관리계획이 수립되어야 한다고 주장한다. 여기서 중요한 사항은 소아과 지침서를 숙지하고, 지침서에 따라 훈련을 받는 것이다. 유아가 질병에 걸리거나 상해를 입었을 때, 유사한 의료상황에서 성인이 보이는 반응과는 다른 반응을 유아가 보이기 때문에 치료를 받는 동안 성인과는 다른 약 복용, 맞춤형 의료기기, 특별한 돌봄이 필요하다.

(3) 발달적·사회적 취약성

나이가 어린 영유아의 경우 자신의 신체적·정서적 건강상태와 욕구를 정확하게 이해하거나 설명하지 못한다. 유아는 부상 또는 질병을 인식하지 못하거나, 자신의 고통이나 증상에 대해 재난관리자, 양육자, 의사에게 말하지 못하는 경우도 있다. 아동은 무슨 일이 일어나고 있는지 잘 몰라서 또는 공포심으로 인해 낯선 사람인 재난관리자에게 저항하거나 공격적인 태도를 보일 수도 있다.

유아의 발달은 급격히 진행되어 식사, 수면, 휴식, 의료처치 방법 등이 성인과는 매우 다르고 지속적으로 변한다. 따라서 재난으로 부모가 다치거나 부모와 연락이 되지 않을 경우, 유아의 일과는 혼란에 빠지게 되고, 스트레스 반응을 보이게 된다. 특별식을 먹어야 하거나, 알레르기 반응이 있는 유아의 경우 자신이 필요한 것에 대해 충분히 이해하지 못하거나, 대피소의 재난관리자와 의사소통하기가 어려울 수 있다.

유아가 부모와 헤어지거나 부모가 유아를 돌볼 수 없는 상황인 경우 유아의 안전은 위협을 받게 된다. 대부분의 유아는 의식주, 의료처치, 심리적 안정 등과 같은 기본적인 욕구에 대한 필요성을 스스로 주장하지 못하고, 재난발생 이전과 이후 유아 스스로 대피할 능력도 부족하다. 특히 부모와 헤어진 영아와 걸음마기 아동이 가장 위험한데, 이들이 재난으로 심각한 부상을 입은 경우 며칠 또는 몇 시간 이내에 사망에 이를 수도 있다.

(4) 인지적 취약성

유아는 성인에 비해 인지발달 수준이 낮아 위험상황에 대한 경고나 지시를 이해하고 따르는 데 어려움이 있고, 자신이 위험에 처해 있음을 인지하고 신속하게 대피할 능력 역시 부족하기 때문에 재난으로 인한 피해가 더욱 클 수 있다. 재난발생으로 모든 가족구성원이 피해를 입은 유아는 읽기, 셈하기 등의 학습준비도가 떨어질 가능성이 높은데, 이러한 부정적 영향력의 주된 원인 중 하나는 주의집중력의 감소이다. 유아가 평상시 경험하던 의식주와 일과의 변화는 경각심 저하와 피로를 가져오고, 이는 낮은 수준의 학습준비도로 이어진다. 지속적으로 재난현장을 방문하거나 심리적 외상으로 고통을 겪는 유아는 정보를 처리하고 학습하는 능력이 저하될 수 있다.

(5) 심리적 취약성

유아뿐만 아니라 재난을 경험한 모든 사람은 심리적 스트레스와 외상에 직면한다. 특히 유아는 양육자에 대한 의존성이 크므로 성인에 비해 위험 수준도 높고, 주위 상황에 대한 이해력도 떨어진다. 갑작스럽게 눈앞에서 부모가 다치거나 사망하는 장면을 목격할 경우 이는 그 이후로도 계속 유아의 마음속 깊이 남을 것이다. 재난 자체의 속성, 재난에 노출된 정도, 유아의 주위 사람이 입은 피해 정도, 개별 유아의 특성 등에 따라 재난이 유아에게 미치는 심리적 영향력은 다양하다. 유아는 재난이 발생한 상황에서도 여전히 심리적인 발달이 진행되고 있으며, 이러한 유아의 발달단계는 그들의 대응방식을 특징짓고, 외상 사건에 적응하는 다양성의 수준을 결정한다 (성미영, 김영희 공역, 2017).

　재난발생 시 아동이 심리적으로 성인보다 더 취약하다는 사실은 2006년 타이완 지진의 사례에서도 찾아볼 수 있다. 타이완 지진 이후 큰 진앙지 인근 마을의 아동들을 추적 조사한 결과에 따르면, 피해를 입은 학교가 완전히 복원되지 않은 아동은 다른 아동에 비해 PTSD 증상이 더 심각하게 나타나 심리적·육체적 고통, 짜증과 분노, 기억 상실, 집중력 저하 등을 보인 것으로 보고되었다(Chen & Wu, 2006).

(6) 안전·안정 취약성

　재난피해 유아는 자신의 신체적 안전과 안정 측면에서도 취약성을 보일 수 있다. 재난이 발생하여 혼란스러운 상황에서는 산만해진 경찰력과 관리감독의 소홀함으로 인해 나약한 재난피해 유아를 착취하려는 범죄자들이 평상시보다 더 쉽게 이들에게 접근할 가능성이 높고, 재난피해 유아는 또래의 괴롭힘이나 우울증으로 힘들어할 수도 있다. 또한 재난으로 인해 실직 등을 경험한 부모가 자신의 상황을 감당하기 어려워 가정폭력이 증가하고, 사회복지사가 담당하는 사례 건수가 재난발생 이후 급증하여 유아는 가정폭력의 희생자가 된다. 대부분의 유아는 재난과 같은 위기상황에서 의식주, 의료처치, 심리적 안정과 같이 자신의 기본적인 욕구에 대한 필요성을 부모나 주위의 성인에게 주장하지 못하고, 재난상황에서 스스로 대피할 능력도 없는데, 이는 유아의 안전 및 안정의 취약성과도 관련된다(성미영, 김영희 공역, 2017).

2) 재난발생 시 유아의 요구

대규모 재난이 발생한 경우 재난을 복구하는 과정에서 제공되는 사회적 지원은 주로 성인 중심으로 이루어져 있으므로 유아는 재난복구의 상황에서 사각지대에 놓여 있다. 성인과 달리 여러 가지 취약성을 가진 유아를 재난관리 계획에서 고려하기 위해서는 먼저 유아의 특수한 욕구를 정확하게 이해할 필요가 있다.

재난상황에서 유아의 요구는 유아를 둘러싼 환경에 따라, 유아가 처한 개별적 상황에 따라 매우 다양하게 나타날 수 있다. 또한 재난 자체로 인해 재난 이후 유아를 둘러싼 환경의 변화로 인해 더 많은 요구가 추가될 가능성이 높다. 미국의 경우 국가아동재난위원회에서 작성한 국가재난복구전략 보고서에 의하면(National Commission on Children and Disasters, 2009), 재난 피해 아동에게 반드시 제공해야 할 서비스 원칙으로 안전하고 안정된 주거환경 제공, 보건의료, 정신건강 및 구강건강, 지속적인 학업과 방과 후 보육서비스, 아동보육, 재난사례관리 등을 명시하고 있다.

유엔(UN)에서는 아동의 요구를 세 가지 일반 범주로 구분하였는데, 신체적 보호, 심리사회적 보호, 인지적 보호가 이에 해당한다(성미영, 김영희 공역, 2017). 먼저, 신체적 보호에는 유아의 안정과 신체적 안전에 관한 요구가 포함된다. 유아는 착취나 약탈에 대한 전통적인 보호체계가 무너지거나 약해지는 재난상황에서 더 나약해진다. 재난으로 인한 부상이나 건강문제가 추가로 수반되면서 기존의 건강문제도 더 악화된다. 주거, 영양, 위생, 수면, 휴식처럼 모든 사람에게 기본적으로 필요한 신체적 욕구는 유아의 경우 탄력적으로 조절되지 못하며, 나이가 어리고 작고 성장 중인 신체의 특수성을 잘 알고 있는 재난관리자가 이러한 문제를 해결해야 한다.

〈표 4-3〉 유엔(UN)에서 정의한 재난발생 시 아동의 요구

구분	내용
신체적 보호	● 아동의 신체적 안전 및 안정에 대한 보호가 필요하다. ● 아동은 착취나 약탈에 대한 전통적인 보호 체계가 무너지거나 약해진 재난상황에서 더 나약해진다. ● 인간에게 기본적으로 필요한 주거, 영양, 위생, 수면, 휴식의 신체적 욕구가 아동의 경우 탄력적으로 조절되지 못한다.
심리사회적 보호	● 아동의 심리사회적 발달에 성인보다 과도한 피해 및 발달 부진으로부터의 보호가 필요하다. ● 재난으로 일상이 붕괴되어 아동의 심리사회적 발달이 방해받는다. ● 재난으로 아동을 둘러싼 개인과 체계의 내구성 및 영속성이 무너지면 아동의 심리상태도 나약해진다.
인지적 보호	● 아동이 정보를 인식, 처리, 보유하는 능력의 처리 과정에 대한 보호가 필요하다. ● 아동기는 학교, 부모, 사회관계망, 경험에 의한 인지발달이 집중적으로 진행되는 시기이므로 인지적 보호가 필요하다. ● 재난으로 인해 아동의 인지발달에 미친 부정적 영향은 이후 학습장애로 이어질 가능성이 높다.

다음으로, 심리사회적 보호는 재난피해 유아의 심리적·사회적 발달에 성인보다 훨씬 과도하게 나타나는 피해 및 발육 부진이 없도록 하는 데 목표를 두고 있다. 재난상황에서 유아의 삶과 일상이 붕괴되면 유아의 심리적·사회적 발달은 방해받을 수 있다. 유아는 개인이나 체계에 절대적으로 의지하는 경향이 있으므로 개인이나 체계의 내구성과 영속성이 재난발생 이후 무너지게 되면 유아의 심리상태도 나약해진다.

마지막으로, 인지적 보호란 유아가 정보를 인식, 처리, 보유하는 능력에 관한 처리 과정을 말한다. 유아기는 영유아교육기관, 부모, 사회관계망, 또

래관계 경험에 의해 인지발달이 집중적으로 진행되는 시기이다. 재난으로 인해 이러한 과정은 몇 주 또는 몇 달, 심지어 몇 년 동안 중단될 수 있다. 재난으로 인해 인지발달에 부정적 영향을 받은 유아는 또래에 비해 인지능력이 뒤떨어지고, 이후 삶에서 학습장애로 어려움을 겪을 수 있다.

세이브더칠드런(2007)에서는 재난피해 아동의 12개 요구사항 영역을 다음과 같이 제시하였다. 아동 안전 및 보안, 영양섭취, 의류 및 대피소, 위생, 대피 및 수송, 보건 및 의료서비스, 응급의료 및 응급상황 대응, 보육 및 교육시설, 교육, 심리적 의료서비스, 아동·부모·양육자를 위한 재난관리교육, 기타 필요조치 등이다. 여기서 기타 필요조치에는 임신부 및 수유모에 대한 지원, 다문화가정에 대한 통역서비스 등이 포함된다. 재난의 상황에 따라, 그 지역의 재난대비 및 대응의 상황에 따라, 유아의 연령 및 발달수준 등에 따라 재난에 대한 유아의 욕구는 매우 다양할 수 있으므로 재난관리자는 이러한 욕구를 정확하게 이해하고 있어야 한다.

일반적으로 성인에게 적용되는 원칙이 유아에게도 동일하게 적용되는데, 이때 유아의 연령에 적합한 방식으로 이러한 원칙을 적용해야 한다. 재난관리자가 재난피해 유아를 대상으로 업무를 진행할 때 재난관리자는 재난에 대한 유아의 특수한 반응을 고려하여 다음과 같은 원칙을 준수해야 한다.

〈표 4-4〉 재난피해 유아의 심리적 요구를 위해 고려해야 할 원칙

- 부모의 학대, 신체적 또는 심리적 방임과 같이 강력한 방해 요인이 없는 경우 유아의 심리치료에 부모를 참여시킨다.
- 재난으로 인해 무슨 일이 일어났는지 자녀와 의논하고, 자녀의 반응을 인식, 수용, 이해하며, 부모 자신의 반응에 대해 열린 마음으로 자녀와 소통한다.
- 유아의 배변 실수 또는 과잉 행동과 같은 퇴행 행동의 원인에 대해 유아의 친구나 교사 등 여러 경로를 통해 정보를 수집한다.
- 부모에게는 유아의 특정한 행동에 대한 적절한 반응과 관련된 교육뿐만 아니라 구체적인 처치에 관한 교육도 필요하다.
- 가능하다면 유아가 부모로부터 분리되는 일을 피하고, 조부모, 손위 형제 또는 교사와 같이 유아에게 친숙한 사람과 함께 지내도록 한다.
- 유아는 재난의 원인, 자신의 행동과 현재 감정에 대해 부정확한 결론을 내릴 수 있으므로 심리치료를 통해 유아가 오인하고 있는 부분을 해결한다.
- 유아는 자신의 감정을 언어로 설명하기 어려우므로 그림 그리기, 손인형놀이, 역할놀이 등을 통해 유아의 반응을 탐색한다.
- 가능한 한 빠른 시일 내에 유아가 가정에서의 일상생활로 복귀해야 하지만, 유아가 자신의 감정을 경험하고 표현할 수 있는 시간적 여유가 주어져야 한다.
- 재난피해 유아가 영유아교육기관에 복귀했을 때 곧바로 영유아교육기관의 일과운영에 맞추어 생활하도록 강요하지 않는다.
- TV에 방영되는 반복적인 재난 관련 영상은 불안을 고조시킬 수 있으므로 재난과 관련된 TV 시청을 제한한다.

미국의 경우 허리케인 카트리나 발생 이후에 3만 명의 아동과 1,400명 이상의 양육자가 세이브더칠드런 심리사회 프로그램에 참여하였고(Save the Children, 2007), 2009년에는 세이브더칠드런에서 텍사스주 4개 도시에서 아동을 위한 재난-회복 공동체(Disaster-Resilient Communities for Children)를 설립하는 계획을 수립했다. 이러한 재난관리 계획의 핵심은 바로 회복 및 준

비 프로그램(Resilient and Ready Program)이다. 이는 K-6학년 아동을 대상으로 한 1시간 분량의 교육용 워크숍으로 지진, 홍수, 산불 등 다양한 재난을 경험한 아동의 탄력성을 구축하는 프로그램이며, 아동이 재난대비 학습에 흥미를 가지도록 재난교육에 협동게임을 도입하였다(Save the Children, 2009).

〈표 4-5〉 세이브더칠드런의 심리사회적 프로그램

구분	내용
개발 목적	● 유아와 양육자가 재난의 정서적·심리적 충격을 극복하도록 돕기 위해 심리사회적 프로그램 개발 ● 지역사회-기반 재난복구 및 탄력성 구축 프로그램 제공
활동 방법	● 협동게임, 구조화된 놀이, 표현 및 미술활동 활용
활동 내용	● 안전과 정상으로 회복하기 ● 경험에 대한 생각과 감정 표현하기 ● 탄력성 또는 대처기술 강화하기 ● 또래 및 양육자와 긍정적 관계 형성하기
참여 인원	● 3만 명의 아동과 1,400명 이상의 양육자

출처: Save the Children (2007).

3) 재난이 유아에게 미치는 영향

모든 재난은 개인, 특히 유아의 안전, 안정, 정서적 안녕에 직접적 또는 간접적 영향을 미친다. 유아와 성인은 신체적, 심리적, 사회적, 인지적, 정신적 측면에서 다양한 차이가 있으며, 식습관, 수면, 욕구, 두려움 등에서도 차이점이 확연하게 나타난다(박동균, 2014).

　　재난이 유아에게 미치는 영향은 한 가지 요인에 국한되는 것이 아니라 다양한 요인이 복합적으로 나타난다. 유아의 연령, 발달수준, 지적 능력, 개인과 가족의 지지 정도, 친구의 지지, 유아의 성격, 대중매체, 지역사회의 대응 등에 따라 재난이 유아에게 미치는 영향은 달라질 수 있다(Mercuri & Angelique, 2004). 따라서 재난관리자는 재난이 유아에게 미치는 영향을 포괄적으로 이해하고, 이러한 내용을 유아 재난안전관리 정책모델에 적용해야 한다.

　　유아는 자신에게 닥친 위험의 신호를 인지하지 못하거나 신체적으로 미성숙하기에 대피할 때 심한 부상을 입거나 외상에 노출될 가능성이 성인보다 높다(Halpern & Vermeulen, 2017). 발달 중인 유아는 재난으로 인해 발생한 전염병과 질병에 취약하다. 주택이 부서지고, 가족과 헤어지고, 양육자의 트라우마를 목격하고, 영유아교육기관에서의 일과가 방해받음으로써 생긴 심리적 불안과 함께 신체적 취약성은 재난발생과 안정성 회복 사이의 기간 동안 유아를 특별한 위기상황에 빠트린다. 이 기간 동안 유아가 경험하는 스트레스, 혼란, 불안은 학습준비도, 신체발달, 자존감, 또래관계 등에 영향을 미친다(성미영, 김영희 공역, 2017).

　　재난을 경험한 모든 재난피해자는 심리적 스트레스와 트라우마의 위기에 직면한다. 재난은 모든 피해 대상자에게 심각한 영향을 미치지만, 인지적, 정서적, 사회적 발달수준이 비교적 낮은 유아의 경우 재난의 복구 과정에서 회복을 위한 내적 자원이 상대적으로 부족한 편이다. 이러한 이유로 재난이 가져오는 심리적인 손상은 유아에게 있어 피해가 더 심각하다고 할 수 있다(이윤주, 2004).

〈표 4-6〉 인도네시아 아체 지역의 지진해일 발생 후 부모 대상 설문조사 결과

세이브더칠드런에서는 2004년 지진해일이 발생한 이후 인도네시아 아체 지역(Arche Province)의 부모 및 양육자에게 자녀의 태도와 행동이 지진해일로 인해 어떻게 변했는지를 조사하였고, 공통적으로 제시된 응답은 다음과 같다(Save the Children, 2005).

- 잠들기 힘들어하고, 밤에 눈을 감으면 무섭다고 한다.
- 바닷가 근처에 가고 싶어 하지 않는다.
- 파괴된 학교로 다시 돌아가는 것을 두려워한다.
- 많은 아이가 자신감을 상실했다.
- 어떤 아이들은 커다란 소리가 나면 놀라거나 운다.
- 악몽을 꾸는 아이들이 많다.

유아도 재난 이후 성인처럼 다양한 증상을 보일 수 있고, 그 증상은 성인과 대체로 유사하지만, 유아의 경우에는 좀 더 직접적이거나 외현적인 형태로 나타난다. 예를 들어, 1~5세 영유아는 분리에 대한 두려움, 낯선 이에 대한 두려움, 괴물 또는 동물에 대한 두려움, 수면장애 같은 형태로 불안 증상이 나타난다. 유아가 재난과 직접적인 관련이 있을 수도 있고 그렇지 않을 수도 있지만, 어떤 특정한 상황이나 환경을 회피하는 반응을 보일 수도 있다. 구체적으로, 재난과 직접적으로 관련된 단어나 상징에 몰두하거나 강박적 반복놀이를 하고, 감정 표현이 제한적이거나 놀이 유형이 억제되기도 하며, 사회적으로 위축되거나 기존에 획득된 발달능력을 상실할 수도 있다.

유아뿐만 아니라 모든 연령의 아동은 부모 또는 다른 양육자가 재난에 대해 보이는 반응에 의해 영향을 받는다. 유아는 부모와 분리되거나 부모와 헤어졌을 때 부모로부터 버려진 것과 같은 느낌을 받는다. 따라서 유아를 보호하기 위한 목적으로 부모가 있는 재난현장으로부터 멀리 유아를 보내는 일은 재난으로 인한 외상에 애착 대상과의 분리로 인한 외상을 추가하게 된다(Ehrenreich, 2001).

재난에 대해 유아와 이야기를 나누는 것이 유아를 두렵게 만들까 봐 걱정할 필요는 없다. 오히려 유아는 사실에 근거한 설명보다 별일 아니라고 하거나, 제대로 알려 주지 않을 때 더 두려워한다. 예를 들어, "우리가 대피해야 하면 제 강아지는 어떻게 되나요?" "내가 학교에 있을 때 홍수가 나면, 엄마와 만날 수 없을 것 같아요."와 같이 무엇이 두려운지에 대해 유아가 자유롭게 이야기해 보도록 한다. 유아가 궁금해하는 질문에 대답해 주고, 구체적이고 쉬운 정보에 유아가 관심을 가지도록 노력한다. 재난에 대비하고, 재난발생 시 안전하게 대응하며, 재난발생 이후 복구하는 방법에 대해 유아에게 알려 주고자 한다면, 토론기술, 교수방법, 실제 훈련을 유아의 발달수준에 적합하게 변형하는 것이 중요하다. 나이 어린 아동은 "엎드리고, 숨고, 기다려라(drop, cover and hold on)"(지진 발생 시 대응방법), "멈추고, 엎드리고, 굴러라(stop, drop and roll)"(화재 발생 시 옷에 불이 붙은 경우 대응방법) 같은 메시지에 쉽게 당황할 수 있다.

〈표 4-7〉 자녀에게 재난에 대해 알려 주는 방법

- 재난이 사람을 다치게 하고, 피해를 가져오고, 수도, 전화, 전기 같은 시설설비를 파괴한다는 사실을 아동에게 알려 준다.
- 지역사회에서 발생 가능한 재난의 사례를 예로 들어 유아가 재난의 위험 신호를 인식하도록 돕는다.
- 테러 공격과 같이 TV에서 본 무서운 사건에 대한 유아의 질문에 대답할 준비를 한다.
- 유아 스스로 자신을 보호하기 위해 어떻게 준비해야 하는지에 대한 정보를 제공한다.
- 유아에게 도움을 요청하는 방법과 시기에 대해 가르친다.
- 재난이 발생하면 많은 사람이 유아를 도와준다는 사실을 알려 준다.
- 재난상황에서 가족과 연락이 되지 않는 경우 친척에게 전화를 걸도록 유아에게 가르친다.
- 6개월 간격으로 유아에게 만날 장소, 긴급 연락처, 안전규칙에 관한 퀴즈를 내고 유아가 기억하도록 한다.
- 유아를 포함한 모든 가족이 재난대비 회의에 참여하도록 하여 각자의 역할을 알려 준다.

출처: 미국 적십자사(2007).

부모가 재난에 대한 유아의 반응을 파악할 때 두 가지 잘못된 신념이 있다. 먼저, 유아는 선천적으로 적응유연성이 있어 빠르게 회복하고, 심지어 심각한 외상으로부터도 빠르게 회복한다는 신념이다. 다음으로, 나이 어린 유아는 부모가 잘못 대응하지 않는 이상 재난의 영향을 받지 않는다는 신념이다. 이러한 잘못된 신념과 반대로 유아는 재난의 영향을 두 배로 경험한다. 심지어 매우 어린 아동도 죽음, 파괴, 테러, 개인의 신체적 폭행, 부모의 부재 또는 무력함 등에 의해 직접적인 영향을 받으며, 이와 동시에 재난이 부모와 다른 성인에게 미친 영향과 재난에 대한 부모의 반응에 의해 간접적인 영향도 받는다.

부모가 재난에 대한 유아의 반응을 파악할 때 발생하는 또 다른 문제는 부모가 자녀의 반응을 잘못 해석하는 경향이 있다는 것이다. 이미 스트레

스 상태에 있는 부모는 자녀의 위축, 퇴행 또는 문제행동이 고의적인 행동이라고 오해할 수 있고, 부모가 자신이 겪은 외상을 떠올리고 싶지 않거나, 통제 가능한 평범한 일상으로 돌아가고 싶어서 모든 것을 괜찮다고 여기고 싶을 수도 있다. 두 가지 상황 모두에서 부모는 자녀가 고통스러운 상황에 있음을 무시하거나 거부하려고 하는데, 이 경우 유아는 자신이 부모로부터 무시당하거나 가치 없는 존재로 여겨진다고 느낄 수 있다. 이는 단기적으로는 유아가 불안감으로 인해 자신의 감정이나 고통에 대한 표현을 억제하도록 만들어 부모가 자녀로부터 심리적으로 더 멀어지게 만들 수 있고, 장기적으로는 유아의 발달에 부정적인 영향을 줄 수 있다.

한국형 유아 재난안전관리 정책모델 구축

미국과 일본의 재난안전관리 제도와 정책을 분석하고 그 결과를 토대로 하여, 기존 우리나라 재난안전관리 정책과 차별성을 가진 〔한국형 유아 재난안전관리 정책모델〕은 다음과 같은 내용을 반영하여 구성되었다.

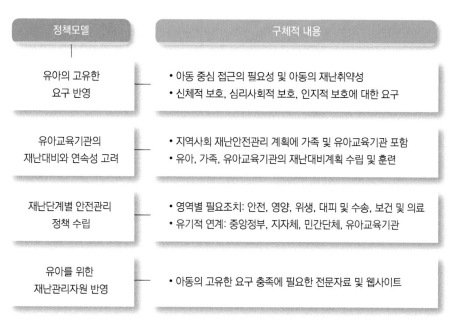

[그림 4-1] 〔한국형 유아 재난안전관리 정책모델〕구성

〔한국형 유아 재난안전관리 정책모델〕은 다음과 같은 측면에서 외국의 사례 및 기존 우리나라 재난안전관리 정책과 차별성을 가진다. 첫째, 재난안전관리 정책 수립 시 유아의 고유한 요구를 적극적으로 반영한다. 구체적으로, 아동 중심 접근의 필요성을 제기하고, 성인과 달리 아동이 갖는 재난에 대한 취약성을 명확하게 기술한다. 특히 아동의 재난취약성을 신체적 보호, 심리사회적 보호, 인지적 보호에 대한 요구를 중심으로 구체화하여 재난안전관리 정책모델에서 성인과 다른 아동의 고유성에 초점을 두고 아동 중심적 접근을 실현한다.

둘째, 재난안전관리 정책 수립 시 아동시설의 재난대비와 연속성을 고려한다. 지방자치단체에서 지역사회의 재난안전관리 계획을 수립할 경우 유아를 포함한 가족 및 유아교육기관을 중점적인 관리대상에 포함시킴으로써 성인 중심의 재난안전관리 정책이 아닌 아동을 포함한 대상별 맞춤 정책을 수립해야 한다.

셋째, 유아 재난안전관리 정책에 재난의 예방, 대비, 대응, 복구 단계별 대책이 마련되어야 한다. 대규모 복합재난의 발생 빈도가 급증하고 있는 상황을 반영하여 단순히 대응 단계에 초점을 둔 재난안전관리 정책이 아닌 예방, 대비, 대응, 복구의 재난단계별 정책을 수립함과 동시에 안전, 영양, 위생, 대피 및 수송, 보건 및 의료 영역별로 필요한 조치를 문서화함으로써 재난단계 및 영역별로 유아에게 즉시 적용 가능한 재난안전관리 정책이 수립되어야 한다. 특히 〔한국형 유아 재난안전관리 정책모델〕의 핵심은 유아를 둘러싼 환경체계의 유기적 연계성 확보가 전제되어야 한다는 점이다. 즉, 중앙정부, 지자체, 민간단체, 가정 및 유아교육기관 간의 유기적인 연계가 확보되어야 정책의 실제적인 효과가 발현될 수 있다. 국가 및 지방 재난안전 공무원과 재난관리자가 지역사회의 유아를 고려하여 재난안전정책을 수립함으로써 재난발생 시 비상연락체계 가동과 같은 긴급조치가 즉각적으로 실행될 수 있도록 문서화되어 있어야 한다.

넷째, 재난안전관리 정책 수립 시 유아를 위한 재난관리자원을 사전에 충분히 확보하고 이를 반영해야 한다. 이러한 재난관리자원의 대표적인 사례로 유아의 고유한 요구 충족에 필요한 전문자료 및 웹사이트를 들 수 있다. 유아를 대상으로 재난안전 관련교육을 진행할 경우 유아의 눈높이에 맞는 맞춤형 교육자료가 제공되어야 하므로 국민재난안전교육원, 국민안전교육포털, 국민재난안전포털, 어린이집안전공제회 등 관련기관 및 사이트에서 제공하는 유아용 교육콘텐츠를 적극적으로 활용할 필요가 있다.

추가적으로 재난발생 이후 복구 과정에서 간과되기 쉬운 분야가 바로 재난심리지원이다. 재난이 발생한 경우 재난피해 유아를 대상으로 한 정신건강 개입이 필수적으로 요구되므로 심리적 응급지원이 이루어져야 한다. 심리적 응급지원(Psychological First Aid: PFA)이란 재난 등 트라우마에 노출된 사람에게 제공되는 재난 초기에 필요한 심리적, 사회적 지원을 포함한 포괄적인 서비스를 의미하는데, 이를 위해서는 훈련된 재난정신건강 전문가가 확보되어야 한다.

특히 유아의 경우 성인과 다른 정신건강 개입이 필요하므로 유아의 발달과 요구를 잘 파악하고 있는 전문가가 필요하다. 우리나라의 경우 국가트라우마센터가 설치되어 재난심리지원의 컨트롤타워 역할을 담당하고 있으므로 이 센터 내에 유아를 전담하여 지원할 수 있는 인력을 확보하는 것이 우선적으로 필요하다.

🏔 에필로그

전 세계적으로 대규모 복합재난의 발생 빈도가 급증하고 있고, 한국도 여기서 예외는 아니므로 이에 대한 맞춤형 대응방안이 요구된다. 특히 2020년 중국을 비롯하여 한국, 일본, 미국, 유럽 등 전 세계적으로 코로나바이러스 감염증-19(COVID-19)가 전파됨에 따라 세계보건기구(WHO)에서는 감염병 최고 경고 등급인 팬데믹(pandemic)을 선포하였는데, 이는 세계적으로 감염병이 대유행하는 상태를 일컫는다. 이러한 전 세계적인 감염병 대유행은 사회적 재난으로 볼 수 있으며, 이를 극복하기 위해 '사회적 거리두기'와 같은 새로운 문화가 등장하였고, 대학뿐 아니라 초 · 중 · 고에서 온라인 수업이 진행되는 등 인간의 삶에 커다란 변화를 가져왔다. 이처럼 재난의 발생 빈도뿐만 아니라 규모가 확대되고 있는 현실을 고려할 때, 대표적인 재난취약집단인 유아의 고유한 요구를 반영함과 동시에 정부의 여러 부처에 흩어져 있는 유아 관련 재난안전관리 제도 및 정책이 유기적으로 연계될 수 있도록 〔한국형 유아 재난안전관리 정책모델〕을 구축하여 실제적으로 적용할 필요성이 적극 모색되었다.

본 연구는 〔한국형 유아 재난안전관리 정책모델〕 구축이라는 최종적인 목적을 달성하기 위해 다음과 같은 세부적인 목표를 가지고 단계적으로 실행되었다. 먼저, 본 연구에서는 한국뿐만 아니라 미국과 일본에서 실시되고 있는 유아 재난안전관리 제도 및 정책 현황을 분석하고자 시도하였다. 둘째, 국내외 유아 관련 재난안전관리 제도 및 정책 현황 분석을 토대로 하여 〔한국형 유아 재난안전관리 정책모델〕을 구축하였다. 셋째, 한국형 유아 재난안전관리 정책모델을 국가 및 지방 재난안전 담당 공무원, 유아교육현장의 교직원, 재난관리자에게 제안함으로써 재난취약집단인 유아의 고유한 요구를 고려한 〔한국형 유아 재난안전관리 정책모델〕의 실천방안을 강구하였다.

본 연구를 통해 구축된 〔한국형 유아 재난안전관리 정책모델〕은 재난안전관리 전문가 양성을 위한 재난안전관리 교육의 확대 실시에 추진력을 제공할 뿐만 아니라, 유아, 노인, 장애인 등 재난취약집단을 위한 맞춤형 재난안전관리시스템 구축에도 기여함으로써 우리나라 재난안전관리 정책의 발전을 도모하는 계기가 되었다. 뿐만 아니라 민간 차원에서의 재난안전관리 전문가 양성 노력과 더불어 정부 차원에서도 재난안전 관련 국가자격 도입을 논의하고 있다. 이러한 국내외적 재난안전 관련 정책의 현황을 고려해 볼 때 본 연구의 결과는 재난취약집단별 재난안전관리 전문가 양성 및 국가자격제도 도입의 필요성에 대한 기초자료로 활용될 수 있다. 또한 대표적인 재난취약집단인 유아가 재난발생 시 대응할 수 있는 능력과 더불어 이들의 적응유연성을 향상시키기 위한 유기적인 정책모델은 중앙정부, 지방자치단체, 민간단체, 그리고 유아교육현장 간 동반자 관계 형성을 촉진시키는 발판을 마련해 줄 것으로 예상된다.

이상에서 살펴본 바와 같이 〔한국형 유아 재난안전관리 정책모델〕은 국가 및 지방 재난안전 담당 공무원과 유아교육현장의 교직원이 재난에 취약한 유아를 위해 비상운영계획을 수립하고 운영하는 데 가이드라인을 제공해 준다는 점에서 사회적 기여를 예상할 수 있다. 기존에 개발된 다양한 유형의 유아 재난안전교육 매뉴얼의 경우에도 〔한국형 유아 재난안전관리 정책모델〕을 통해 체계적인 방식으로 전국 유아교육현장에 제공될 수 있으므로 재난안전교육 매뉴얼의 보급 및 활용에도 도움을 줄 것으로 예상된다.

대표적인 재난취약집단인 유아의 고유한 요구를 반영함과 동시에 현재 정부의 여러 부처에 흩어져 있는 유아 관련 재난안전관리 제도 및 정책이 유기적으로 연계될 수 있도록 〔한국형 유아 재난안전관리 정책모델〕의 구축이 시급하다는 점에서 본 연구의 필요성을 찾을 수 있다. 따라서 본 연구의 최종 결과물인 〔한국형 유아 재난안전관리 정책모델〕은 국가 및 지방 재난안전 담당 공무원과 유아교육현장의 교직원이 재난에 취약한 유아를 위해 비상운영계획을 수립하고 운영하는 데 실제적인 도움을 제공해 준다는 점에서 연구의 의의 및 기대효과를 생각해 볼 수 있다.

본 연구에서는 국내외 유아 관련 재난안전관리 제도 및 정책 현황을 분석하고, 현황 분석 결과를 토대로 하여 〔한국형 유아 재난안전관리 정책모델〕을 구축하였다. 이를 국가 및 지방 재난안전 담당 공무원, 유아교육현장의 교직원, 재난관리자에게 제안함으로써 재난예방, 대비, 대응, 복구에서 유아의 취약성을 고려한 유기적인 재난안전관리 제도 및 정책이 실천되도록 돕는다.

참고문헌

강병준, 이명진(2017). 협력적 거버넌스 차원에서 한국(경기도)의 재난경보시스템 구축 방안 연구. 정책개발연구, 17(1), 203-239.

강욱, 김학경(2016). 미국의 재난관리체계에 대한 비교 고찰: 모든 위험 접근법 및 지역사회 재난대응팀 중심으로. 보안공학연구논문지, 13(1), 41-54.

강인호(2008). 미국 지방정부 재난관리체계와 정책시사점. 정책분석평가학회보, 18(3), 1-16.

경기도교육청(2015). 재난안전 체험형 안전교육(유아용 교수・학습자료).

공병호(2016). 일본의 안전 안심교육. 한국일본교육학회 춘계학술대회발표자료집.

곽창재, 임상규, 최우정(2016). 지방자치단체 안전관리계획의 개선방안 연구: 미국 재난운영계획과 비교를 중심으로. 한국방재학회논문집, 16(3), 105-115.

교육과학기술부(2012). 부모와 함께하는 유아 재난대비・생활안전교육 프로그램.

교육부 보도자료(2017). 학생, 교직원 모두 연 2회 이상 재난 대비 훈련 의무화 추진.

국립재난안전연구원(2016). 어린이 재난안전훈련 가이드북.

김동일, 이윤희, 김경은, 안지영(2015). 재난대응 정신건강, 위기상담 가이드라인의 분석: 트라우마 개입의 준다 지침을 위한 서설. 상담학연구, 16(3), 473-494.

김두승(2011). 동일본 대재난과 한국의 안보: 시사점과 과제. 제주평화연구원,

2011(12), 70-90.

김성원(2011). 국제재난대응에 있어서 국제법의 역할에 관한 연구. 동아법학, 53, 753-779.

김세훈(2011). 국가 위기관리를 위한 정책변동의 경험적 접근: 동일본 대지진 전후의 일본 과학기술기본계획 조정 사례분석. 한국위기관리논집, 7(5), 23-36.

김수동, 이사홍, 최길현, 정종수(2017). 재난취약자의 현장조치 행동매뉴얼 비교연구-한국과 일본의 장애인 대상으로. 한국재난정보학회 논문집, 13(2), 155-162.

김영근(2015). 일본의 재해부흥 문화에 관한 일고찰: 재난관리 체제 및 구호제도 · 정책을 중심으로. 인문사회21, 6(4), 1039-1060.

김영미(2017). 빅데이터 활용을 통한 정부서비스 패러다임의 변화와 전략: 서울시 재난안전관리를 중심으로. 디지털융복합연구, 15(2), 59-65.

김유미(2014). 일본의 재난관리시스템: 동일본대지진 사례와 시사점. 지역정보화, 87, 75-81.

김유영(2017). 일본 미디어의 동일본대지진 원자력발전소 사고관련 어휘 선정 및 구사에 관한 연구: 후쿠시마와 타국의 원자력발전소 사고기사의 보도태도에 대한 비교 · 대조를 중심으로. 일본근대학연구, 55, 149-167.

김종업, 김형빈(2017). 빅데이터를 활용한 미래예측과 재난 · 안전정책 방안 연구. 한국지역정보화학회 학술발표대회논문집, 91-120.

김홍순(2010). 계획의 실패 또는 한계에 관한 연구: 허리케인 카트리나로 인한 뉴올리언즈 시의 재난을 중심으로. 한국지역개발학회지, 22(4), 17-45.

남재성(2013). 동일본 대지진 당시 일본 경찰의 역할과 정책적 시사점. 한국테러학회보, 6(3), 26-53.

노진철, 이동훈, 김세경(2016). 재난 대응 시 심리지원 체계의 국내 · 외 현황. 놀이치료연구, 20(1), 117-133.

류상인, 남궁승태(2013). 재난관련 법률의 해외 비교 고찰 및 시사점: 각국 재난 관련 법률에 대한 언어네트워크 분석을 중심으로. 한국위기관리논집, 9(1), 131-156.

류상일(2007). 네트워크 관점을 통한 지방정부 재난대응과정의 비교: 미국의 허리케인과 한국의 태풍 대응사례를 중심으로. 충북대학교 국가위기관리연구소 학술세미나, 2007(1), 210-226.

Masatsugu Nemoto (2015). 지방자치단체 재난관리 체계와 사회적 경제조직의 역할: 일본 재해대책 기본법 개정과 스기나미 구(杉並區) 사례를 중심으로. *Crisisonomy, 11*(2), 49-69.

Masatsugu Nemoto (2017). 재난 발생 시 지방자치단체 수준 수원(受援) 체제 구축 방안: 일본 고베(神戶)시 수원계획 사례를 중심으로. 한국자치행정학보, 31(2), 181-197.

Masatsugu Nemoto, Eri Ariga (2014). 재난발생시 '재난약자'에 대한 지역사회 지원체계 강화방안 연구: 한·일 양국의 재난약자에 대한 사전조사 체계 비교를 중심으로. *Crisisonomy, 10*(6), 67-87.

매일경제(2019. 6. 11.). 행정안전부 국민재난안전포털, 지진·태풍…재난 예방서 복구까지 가이드.

문헌철(2008). 국가재난관리체제에 있어서 중앙정부와 지방자치단체의 역할에 대한 법적 고찰. *Crisisonomy, 4*(1), 84-104.

미국 적십자사(2007). 자녀에게 재난에 대해 알려 주기(Talking to children about disasters). http://www.redcross.org/images/pdfs/code/Talking_to_Children_About_Disasters.pdf.

박동균(2013). 허리케인 샌디 대응을 통해 본 미국 위기관리 시스템의 교훈. 한국민간경비학회보, 12(1), 74-95.

박동균(2014). 미국 재난관리에 있어 어린이 보호시스템: 특징 및 정책적 함의.

Crisisonomy, 10(3), 149–163.

박중철, 김소윤(2014). 우리나라 해외재난 긴급의료지원의 문제점과 대안. 한국재난정보학회 학술대회자료집, 344–347.

박창열, 장미홍(2018). 일본의 지역단위 지진방재종합대책 특징과 시사점 연구. 서울도시연구, 19(3), 103–116.

배재현, 이명석(2010). 미국의 재난대응과 협력적 거버넌스: 허리케인 '카트리나' 사례를 중심으로. 정책분석평가학회보, 20(1), 189–216.

변성수(2017). 자연재난 재난관리체계 개선을 위한 지방정부의 역할: 지진재난을 중심으로. 한국행정학회 학술발표논문집, 1667–1676.

변우주(2017). 지진재해경감을 위한 위험의 연계관리의 필요성: 일본에서의 지진재해와 계약법무의 관련성을 참고하여. 민사법 이론과 실무, 20(2), 103–128.

보건복지부 보육기반과(2016). 비상대피훈련 시나리오.

보건복지부, 한국보육진흥원(2016). 어린이집 지진 관리·대응 매뉴얼.

부성숙(2013). 한국, 미국(NAEYC), 호주(QIAS)의 유아교육기관 평가지표 비교 연구: '건강·안전 영역' 중심으로. 교육의 이론과 실천, 18(2), 77–105.

성미영(2011). 유아의 기후변화 대응능력 향상 프로그램 개발 및 효과 검증. 한국생활과학회지, 20(3), 583–594.

성미영(2017). 맞춤형 유아 재난안전교육 매뉴얼. 서울: 학지사.

성미영(2019). 재난유형별 영유아교육기관 비상대피훈련 매뉴얼. 서울: 학지사.

성미영, 김영희 공역(2017). 아동 재난안전 관리[*Managing children in disasters: Planning for their unique needs*]. Bullock, J. A., Haddow, G. D., & Coppola, D. P. 저. 경기: 북코리아.

성미영, 김학열(2010). 재난대비 안전교육에 대한 보육교사의 인식 및 실태 분석. 도시행정학보, 23(3), 31–47.

성미영, 민미희, 정현심(2018). 아동안전관리(제2판). 서울: 학지사.

소방방재청(2009). 재난관리 60년사.

손웅비(2017). 도시의 재난과 위기대응 거버넌스. 경인행정학회 동계학술대회발표논문집, 1-18.

송영지(2018). 아동에 대한 재난복지 개입. 부산대학교 사회복지학과 BK21플러스 재난복지 전문인력 양성사업단 편. 재난사회복지. 경기: 공동체.

송재석(2007). 미국의 재난대응 시스템과 프로그램: 허리케인 Katrina로부터의 경험과 정책적 함의. 한국위기관리논집, 3(1), 96-110.

신용식(2014). 세월호 여객선 재난 이후 재난관리시스템 개선에 관한 연구. 한국위기관리논집, 10(8), 29-50.

안재현, 성미영(2010). 도시침수 대비 유아 안전교육프로그램 개발 및 효과 검증. 한국방재학회논문집, 10(6), 53-58.

양기근(2008). 효율적 재난대응을 위한 재난현장 지휘체계의 개선방안: 한국과 미국의 비교론적 관점. 사회과학연구, 34(3), 81-104.

양철호, 박효선(2013). 해외재난 위기 시 구호지원활동의 성공요인에 관한 연구: 한국군 아이티 재건지원단 파병사례를 중심으로. 한국위기관리논집, 9(9), 153-174.

엄영호, 엄광호, 한승혜, 최성열(2017). 한국의 대규모 복합피해 재난복구를 위한 방향성 연구: 동일본대지진 이후 일본의 복구 전략을 중심으로. 한국위기관리논집, 13, 69-84.

연합뉴스(2017. 11. 19.). 일본 학교 지진 대비 지침 보니… 사전준비부터 PTSD관리까지 빼곡.

오윤경(2017). 해외 도시 복합재난 관리 정책 및 제도. 국토, 2017년 8월호(통권 제430호), 21-28.

오효선, 홍혜경(2013). 농촌지역 특성을 반영한 유아 안전교육프로그램 개발 연구.

열린유아교육, 18(1), 41-69.

옥영석, 박미리, 전재준(2017). 해외사례를 통한 재난대응 거점기지 구축 연구. 한국산학기술학회논문지, 18(11), 668-675.

왕순주, 조정현, 김동우(2014). 화산재 확산의 보건대응. 한국방재학회 학술발표대회 논문집.

유병태, 오금호(2013). 재난관리 공시체계를 통한 지방자치단체 재난역량강화 방안. 한국위기관리논집, 9(5), 57-70.

윤소연, 윤동근(2015). 외국의 재난관리 인력양성 현황. 한국방재학회지, 15(3), 29-40.

이권형(2017). 효율적인 소방·재난분야의 예방과 대응을 위한 BIM 도입 방안. 건축환경설비, 11(2), 23-34.

이대웅, 권기헌(2017). 재난정책분야의 회복탄력성(Resilience) 결정요인 분석: 재난유형 가운데 자연재난을 중심으로. 한국정책학회보, 26(2), 475-510.

이동규(2015). 지방정부 중심의 재난대응 체계 개선 방안 연구: 구미시 국가오염사고 사례를 중심으로. *Crisisonomy, 11*(12), 83-110.

이동규(2016). 빅데이터 기반의 재난관리 시스템 운용 방향에 대한 예비적 고찰: 미국, 영국, 한국의 사례 비교를 중심으로. *Crisisonomy, 12*(1), 17-32.

이동훈, 김지윤, 강현숙, 이혜림(2016). 일본의 재난관리체계 및 재난심리지원체계 고찰과 시사점. 한국콘텐츠학회논문지, 16(7), 73-90.

이수진, 조현지, 박정호, 김재호(2017). 정부 지자체 차원의 다양한 재난 대처 플랜 외. 국토, 2017년 8월호(통권 제430호), 86-96.

이옥철, 아이코 야마모토(2014). 방사능재난 대비 간호역량에 대한 한일 비교연구. 한국방재학회 학술발표대회 논문집.

이윤주(2004). 재난피해의 심리적 영향과 재난극복을 위한 심리적 조력의 방법: 아동을 중심으로. 청소년상담연구, 12(1), 28-40.

이재은(2011). 재난복구의 유형과 사전 계획에 대한 이론적 고찰: 미국의 재난복구
　　　를 중심으로. 한국콘텐츠학회논문지, 11(10), 267-273.

이재은, 양기근(2005). 지속가능한 재난관리의 효율화 방안 연구: 한국과 미국의
　　　재난관리 사례 분석을 중심으로. 현대사회와 행정, 15(1), 105-135.

이주영, 최수민(2016). 미국과 일본의 사례를 통해서 본 재난분야 정부 R&D의 특
　　　징. 한국안전학회지, 31(3), 123-129.

이주호(2015). 재난 취약계층 재난안전관리의 방향과 과제: 미국의 장애인 재난지
　　　원체계를 중심으로. 한국경찰연구학회 학술발표대회자료집, 2015(8), 139-150.

이주호, 배정환(2013). 동일본 대지진 이후 일본재해부흥정책 변화에 대한 탐색적
　　　고찰. 한국위기관리논집, 9(9), 85-100.

이진수(2017). 미국 지진대응법제의 주요내용과 우리나라 법제에 대한 시사점: 미
　　　국 연방 지진위험감소법과 캘리포니아(California) 주 지진 법제를 중심으로.
　　　법학논총, 34(1), 27-57.

이현송(2006). 자연재해의 사회 과정: 미국의 허리케인 카트리나 수해 사례를 중심
　　　으로. 영미연구, 15, 153-177.

이호동(2006). 일본의 재난관리 정책네트워크와 정책적 함의. 한국위기관리논집,
　　　2(2), 52-61.

이호준(2004). 미국과 일본의 재난관리체계 연수 후기. 한국방재학회지, 4(2), 43-48.

일본학연구소(2011). 대재난과 일본의 진로: 일본 사회의 패러다임 변화. 일본공간,
　　　9, 5-29.

임상규, 이남국(2015). 재난관리 분야의 민간부문 활성화 방안. 한국위기관리논집,
　　　11(1), 1-19.

임승빈(2017). 재난의 복합화 현상에 따른 복원력에 관한 연구. 한국정책과학학회보,
　　　21(4), 179-195.

장미혜, 김학경, 송효진, 박건표, 정지연, 이진희(2014). 재난피해여성에 대한 복구 및 지원방안. 서울: 한국여성정책연구원.

장상진, 이창민, 신근우, 조혜인, 신은경, 김빛나, 장소연(2014). 국내외 재난 조직 및 관련 법령. 한국재난정보학회 학술대회자료집, 2014(1), 403-406.

장한나(2016). 재난약자의 안전서비스 체계 구축을 위한 연구. 국정관리연구, 11(2), 1-24.

정군우(2016). 일본 고베시 지진대응 체계에서 배울 점. 대경 CEO BRIEFING, 484호.

주상현(2016). 미국 재난관리 시스템과 한국에 주는 시사점. 한국자치행정학보, 30(4), 365-392.

최경식, 이주호, 배정환(2016). 허리케인 카트리나 이후 미국 재난안전관리시스템 개편과정 재고찰: 재난안전관리 법제도 및 조직 재정비 과정을 중심으로. 한국위기관리논집, 12(7), 1-13.

최남희(2006). 재난 피해자 사후 지원: 재난 피해자의 사회 복귀. 한국위기관리논집, 2(2), 1-18.

최성경, 문정민(2017). 한국형 사회재난 대응을 위한 국내 임시대피시설 현황 및 공간구성 연구. 한국주거학회논문집, 28(6), 11-19.

최성열(2015). 일본의 재난복구체계 소개. 방재저널, 17(1), 12-21.

최순자(2017). 유아교육기관에서의 안전교육. 한국일본교육학회, 고려대 글로벌 일본연구원 편. 일본의 재난방지 안전 안심 교육. 서울: 학지사.

최혜윤(2016). 국가수준 교육과정의 안전교육 내용 및 교수방법 비교연구: 한국, 미국, 캐나다, 뉴질랜드 3-5세 유아교육과정을 중심으로. 미래유아교육학회지, 23(4), 1-31.

최호택, 류상일(2006). 효율적 재난대응을 위한 지방정부 역할 개선방안: 미국, 일본과의 비교를 중심으로. 한국콘텐츠학회논문지, 6(12), 235-243.

하규만(2010). 미국의 국가재난대응체계와 시사점. 정부학연구, 16(1), 45-72.

하규만(2011). 한국의 재난대응체계의 바람직한 개선방향 연구: 미국·일본·한국의 국가재난대응체계의 비교분석을 중심으로. 한국비교정부학보, 15(1), 209-232.

한국보건사회연구원(2015). 시각장애인 재난대응 매뉴얼 개발 연구.

한용진, 공병호, 김영근, 남경희, 미즈노 지즈루, 송민영, 신현정, 오민석, 이정희, 이지혜, 윤종혁, 최순자, 한현정(2017). 일본의 재난방지 안전 안심 교육. 서울: 학지사.

한철희, 박수형, 윤명오(2017). 미국 재난통신 운영체계 및 표준운영절차 분석 연구. 한국화재소방학회, 31(5), 78-86.

행정안전부(2019). 제4차 국가안전관리 기본계획(2020~2024년).

허준영, 윤건, 임성근(2017). 한국과 일본의 재난사고 관련 조사위원회 비교 연구: 세월호 사고와 후쿠시마 원자력발전소 사고 사례. 한국비교정부학보, 21(3), 1-28.

홍재상(2005). 카트리나와 리타가 준 교훈. 한국습지학회지, 7(3), 5-6.

황지웅, 안상진, 변성준(2016). 재난 사례분석을 통한 대규모 풍수해 발생에 따른 국가적 심리치료지원체계 개선방안 연구. 한국위기관리논집, 12(5), 39-49.

Agency for Healthcare Research and Quality (2006). *Pediatric terrorism and disaster preparedness: A resource for pediatricians.* US Department of Health and Human Services.

American Academy of Pediatrics (2002). *The youngest victims: Disaster preparedness to meet young children's needs.* Children, Terrorism and Disasters Toolkit.

Bullock, J. A., Haddow, G. D., & Coppola, D. P. (2012). *Managing children in disasters: Planning for their unique needs.* Boca Raton, FL: CRC Press.

Early Childhood Institute (2006). *Systematic emergency preparedness for the child care sector.* Mississippi State, MU: Mississippi State University.

Ehrenreich, J. H. (2001). *Coping with disasters: A guidebook to psychosocial intervention.* New York: Mental Health Workers without Borders.

Federal Emergency Management Agency (1996). *Guide for all hazards emergency operations planning.* State and Local Guide 101.

Federal Emergency Management Agency (2017). http://www.fema.gov/kids/

Freda, B. (1995). *Developing personal safety skills in children.* London: Jessica Kingsley Publishing.

Halpern, J., & Vermeulen, K. (2017). *Disaster mental health interventions: Core principles and practices.* New York: Routhledge/Taylor & Francis Group.

Mercuri, A., & Angelique, H. L. (2004). Children's responses to natural, technological, and na-tech disasters. *Community Mental Health Journal, 40*(2), 167.

NACCRRA (2006a). *Disaster Preparation.* Child Care Bureau, U.S. Department of Health and Human Services.

NACCRRA (2006b). *Is Child Care Ready?* Child Care Bureau, U.S. Department of Health and Human Services.

National Commission on Children and Disasters (2009). Report of the national Commission on Children and Disasters. https://www.ChildrenandDisasters.acf.hhg.gov.20091014_508IR_part II.pdf

Pickle, B. (1989). Increasing safety awareness of preschoolers through a safety education program. Unpublished Doctorial Dissertation, Nova University.

Save the Children (2005). Policy brief−Protecting children in emergencies. https://www.savethechildren.org/publications/policy-briefs/policy-brief_final_1.pdf

Save the Children (2007). The unique needs of children in emergencies: A guide for the inclusion of children in emergency operations plans. http:// www. savethechildren.org/publication/emergencies/Children-in-Emergencies-Planning-Guide.pdf

Save the Children (2009). The disaster decade. https://www.savethechildren. org/publications/usa/disaster-decade-lessons.pdf

Scott, R. J. (1992). Preventing injury: A safety curriculum for preschool-kindergarten. Unpublished Doctorial Dissertation, Alabama University.

UNESCO (2014). 유네스코 한국위원회(unesco.or.kr)

UNICEF (2011). *Children and disasters: Building resilience through education.* Ginebra: UNICEF.

上田敏丈(2005). 高知市における幼稚園・保育所の地震対策に関する調査、高知学園短期大学紀要 36, 37-41.

河鍋好一・牧野桂一・八谷俊一郎(2011). 最新・教育法規の要点ー福岡県版ー、オフィスさくた.

岐阜県精神保健福祉センター(2011). 災害時のこころのケア、岐阜県精神保健福祉センター.

楠本久美子(2013). 小学校・幼稚園における学校安全の取り組みについて。四天王寺 大学紀要 55, 141-148.

牧野桂一(2013). 保育現場における安全管理と危機管理のあり方. ほいくしんり. Vol. 2. エージェル研究所.

牧野桂一・今西千春(2012). 幼稚園における危機管理マニュアル試案.保育心理士 山形・仙台エリア.

安全教育普及協会. http://www.jatras.or.jp/shidoujirei.html (2016. 5. 8. 인출).

学校法人ひまわり学園 ひまわり幼稚園. http://himawari-gakuen.ed.jp/ (2016. 5. 3. 인출).

厚生労働省. http://mhlw.go.jp/ (2016. 5. 3. 인출).

文武科学省.「学校保健法等の一部を改正する法律の概要」. http://www.mext. go.jp/component/b_menu/other/_icsFiles/afieldfile/2009/04/01/1236264_ 001.pdf (2017. 1. 9. 인출).

e-Gpv. http://law.e-gov.go.jp/cgi-bin/idxsearch.cgi (2017. 1. 9. 인출).

http://m.kmib.co.kr/view.asp?arcid=0013101985

http://www.busan.go.kr/pr/photobodo/1419407

http://www.j-hits.org/english/index.html

http://www.littlebigkids.kr

http://www.much.go.kr/L/BTS3jx4KTs.do#none

https://en.wikipedia.org/wiki/Federal_Emergency_Management_Agency#/ media/File:Hurricane_Ike_Sabine_Pass_TX_FEMA_motorhome.jpg

https://en.wikipedia.org/wiki/Federal_Emergency_Management_Agency#/ media/File:Katrina-14451.jpg

https://imnews.imbc.com/news/2020/society/article/5664390_32633.html

https://ko.wikipedia.org/wiki/%EB%8F%84%ED%98%B8%EC%BF%A0_%EC% A7%80%EB%B0%A9_%ED%83%9C%ED%8F%89%EC%96%91_%ED%95%B4 EC%97%AD_%EC%A7%80%EC%A7%84#/media/%ED%8C%8C%EC%9D%BC: SH-60B_helicopter_flies_over_Sendai.jpg

https://news.joins.com/article/23434925

https://news.joins.com/article/23517633

https://news.joins.com/article/23594371

https://pnsn.org/pnsn-data-products/earthquake-early-warning

https://thehill.com/opinion/healthcare/485900-how-will-fema-work-in-responding-to-the-coronavirus-outbreak(How will FEMA work in responding to the corona virus outbreak?)

https://www.aap.org/terrorism/index.html

https://www.facebook.com/hipolicy/videos/vb.139213969484687/21748452931 9673/?type=2&theater

https://www.fema.gov/kids

https://www.fema.gov/media-library-data/1582133514823-be4368438bd042e3b6 0f5cec6b377d17/Stafford_June_2019_508.pdf

https://www.redcross.org/

https://www.weather.gov/ilm/hurricanehugo

https://www.yna.co.kr/view/AKR20171118048800004

https://www.youtube.com/watch?v=HbJaMWw4-2Q

https://www.youtube.com/watch?v=hukZfIweufM&feature=emb_logo

https://www.youtube.com/watch?v=VveRmJpFW6o

국민안전교육포털 홈페이지. http://kasem.safekorea.go.kr

국민안전처 어린이안전나라(2017). http://www.mpss.go.kr/child/

국민재난안전포털 홈페이지. http://www.safekorea.go.kr

단양군 재난안전대책본부. https://safe.danyang.go.kr

세이프키즈코리아(2017). http://www.safekids.or.kr/

참고문헌

일본 도쿄 지진대응 매뉴얼. http://www.csbn.co.kr/news/article.html?no=15432

일본 모리야 인정어린이원 홈페이지. http://moriya-youho.wakaba-gakuen.ed.jp/
bosai

질병관리본부 홈페이지. http://www.cdc.go.kr

한국어린이안전재단(2017). http://www.childsafe.or.kr/

NAEYC 홈페이지. https://www.naeyc.org/

찾아보기

저자 소개

성미영 (Sung Miyoung)

2002년 서울대학교 대학원에서 아동학 전공 박사학위를 받았고, 2003년부터 2015년까지 서경대학교 아동학과 교수로 재직했으며, 2016년부터는 동덕여자대학교 아동학과 교수로 재직 중이다. 도시침수 대비 유아 안전교육프로그램 개발, 유아의 기후변화 대응능력 향상 프로그램 개발, 맞춤형 유아 재난안전교육 매뉴얼 개발, 한국형 유아 재난안전관리 정책모델 구축, 재난유형별 영유아교육기관 비상대피훈련 시나리오 작성 및 훈련 매뉴얼 개발, 텍스트 마이닝 기법을 활용한 유아 재난안전정보 분석 및 재난안전정책 수립 등 유아 재난안전관리 분야의 연구를 수행하고 있으며, 서경대학교 우수강의교원, 동덕여자대학교 우수강의교원, 보건복지부장관 표창 등을 수상한 바 있다. 저·역서로는 『보육학개론』(공저, 학지사, 2019), 『비교유아교육론』(공저, 학지사, 2019), 『재난유형별 영유아교육기관 비상대피훈련 매뉴얼』(학지사, 2019), 『아동안전관리』(2판, 공저, 학지사, 2018), 『맞춤형 유아 재난안전교육 매뉴얼』(학지사, 2017), 『아동 재난안전 관리』(공역, 북코리아, 2017), 『보육교사론』(공저, 학지사, 2015) 등이 있으며, (사)한국국민안전산업협회 이사, 한국보육학회 이사 등의 대외활동을 하고 있다.

한국형

유아 재난안전관리 정책모델
Korean Disaster Safety Management Policy Model
Focusing on Young Children

2020년 6월 20일 1판 1쇄 인쇄
2020년 6월 30일 1판 1쇄 발행

지은이 • 성미영
펴낸이 • 김진환
펴낸곳 • (주) 학지사

　　　　04031 서울특별시 마포구 양화로 15길 20 마인드월드빌딩
대표전화 • 02)330-5114　　팩스 • 02)324-2345
등록번호 • 제313-2006-000265호

홈페이지 • http://www.hakjisa.co.kr
페이스북 • https://www.facebook.com/hakjisa

ISBN 978-89-997-2148-9　93370

정가 17,000원

이 도서의 국립중앙도서관 출판시도서목록(CIP)은 서지정보유통지원
시스템 홈페이지(http://seoji.nl.go.kr)와 국가자료공동목록시스템
(http://www.nl.go.kr/kolisnet)에서 이용하실 수 있습니다.
(CIP 제어번호: CIP2020024434)

출판 · 교육 · 미디어기업 학지사

간호보건의학출판 학지사메디컬 www.hakjisamd.co.kr
심리검사연구소 인싸이트 www.inpsyt.co.kr
학술논문서비스 뉴논문 www.newnonmun.com
원격교육연수원 카운피아 www.counpia.com